KB069620

동양상담학 시리즈 ⑮

장자와 상담

최준섭 저

Oriental Counseling Series

학지사

동양상담학 시리즈를 펴내며

　돌이켜 보면 참 오랫동안 한국상담 또는 동양상담에 대한 연구와 논의의 필요성을 느껴 왔다.

　처음 상담계에 입문할 때에는 그저 서양에서 들어온 지식을 열심히 섭취하여 상담을 잘하기만 하면 그만이라고 생각했다. 상담의 발상지가 서양이니까 그렇게 하는 게 하나 이상할 것도 없고, 또 상담계에 종사하는 모든 사람이 그렇게 하니까 아무런 의구심이 들지 않았다. 하지만 시간이 지나면서 조금씩 내가 하는 일에 무엇인가가 빠져 있다는 사실을 눈치채기 시작했다. 서양 사람들에게서 뽑아낸 상담 지식을 한국 사람에게 그대로 적용하는 데 무리가 있다는 점을 알게 된 것이다. 그러니까 그때까지 나는 한국 사람을 서양 사람 대하듯 상담해 왔다. 이런 사실을 알게 되면서 내심 무척 당황하고 부끄러웠다. 한국 사람과 서양 사람이 모든 점에서 똑같다면 몰라도, 그렇지 않다면 맞지 않는 옷을 어색하게 입히려는 우스꽝스러운 짓을 하고 있었던 셈이다.

이때부터 나의 고민은 시작되었다. 어떻게 하면 한국 사람에게 어울리는 상담을 할 수 있을까? 어떻게 하면 한국 사람에게 적합한 상담 지식을 찾아내고 이를 체계적으로 정리할 수 있을까? 어떻게 하면 한국적 문화와 역사와 전통을 반영한 상담 이론을 구성할 수 있을까? 이런 고민 끝에 한국인의 일상생활에 스며 있는 삶에 대한 철학과 사상과 문화적 전통을 뒤져 보자는 생각을 하게 되었다. 이렇게 해서 이 책에 실린 원고들을 하나씩 쓰기 시작하였다. 이때 우연히 이웃나라 일본의 상담학자들도 일찌감치 나와 같은 고민을 하며 일본식 상담을 개발하였다는 사실을 접할 수 있었다. 모리타 상담과 나이칸 상담은 그들의 치열한 문제의식이 잉태한 일본식 상담론으로서 우리가 한 번쯤 살펴볼 만한 가치가 있다. 이 책의 제목을 한국상담이 아니라 동양상담이라고 붙인 것은 일본식 상담이 포함되었기 때문이기도 하고, 동양사회를 관통하고 있는 유·불·도 삼가의 사상이 주요 주제로 다루어지고 있기 때문이기도 하다.

처음 이 원고 집필을 시작할 때는 한 권의 단행본으로 출판하려고 하였다. 그러나 작업을 하다 보니 앞으로도 이런 작업이 끝없이 이어져야 할 거라는 생각, 그리고 연구가 완성될 때까지 오래 기다리기보다 그때그때 신속하게 연구 결과를 보고하는 편이 나을 거라는 생각이 들었다. 이 시리즈의 첫 원고가 이미 5년 전에 탈고되었다는 점이 이런 생각을 굳혔다. 앞으로 이 시리즈가 계속되기를 기대한다. 필자 역시 이 작업을 계속하겠지만, 한국상담과 동양상담에 관심 있는 상담학도라면 그 누구라도 이 작업을 이어 갈 자격이 있다. 그리하여 앞으로 100권, 200권을 넘어서까지 이 시리즈가 쌓여 가기 바란다. 감히 말하건대, 이 시리즈 목록의 길이는 한국상담의 성숙도를 보여 주는 바로미터가 될 것이다.

필자는 상담을 전공하는 후학들이 '우리와 우리 것'에 대해 관심 가지기를 간절하게 바란다. 원고를 쓰면서 우리 역사, 사상, 철학, 문화 속에 상담 정신이 깃든 자료가 그렇게 풍부하다는 데 정말 놀랐다. 그럼에도 불구하고 이들이 상담학도들의 눈에 띄지 않았다는 사실이 참 이상하다. 다소 늦기는 했지만 이 자료들을 정리하여 현대 상담 속으로 끌어들일 때가 되었다. 외국으로부터 배울 것은 배우되, 온고지신하는 마음으로 우리 것을 품어서 한국상담학을 정립해 가는 창조적인 작업에 모두 동참하자.

이 작업을 시리즈로 기획하자고 제안하신 김진환 사장님 그리고 상담에 대한 깊은 애정을 가지고 정말 꼼꼼하게 교정과 편집 책임을 맡아 주신 최임배 부사장님에게 감사의 말씀을 드린다. 앞으로도 좋은 상담 책을 많이 출판하여 한국상담계의 발전에 큰 몫을 담당해 주시기 바란다.

청주 원봉산 자락에서
박성희

머리말

　여러분도 알고 있듯이 장자는 매우 훌륭한 동양의 철학자다. 장자 철학의 바탕이 되는 도(道)를 비롯하여, 무위자연 그리고 모든 만물은 하나(一)라는 제물(齊物) 등의 의미를 살펴만 봐도 장자가 얼마나 뛰어난 철학자인지를 가늠해 볼 수 있다.

　상담은 인격적 만남을 통해 생활 세계 곳곳에서 사람들의 바람직한 변화를 돕는 과정이다(박성희, 2007b). 무한 경쟁사회와 성과주의로 인해 타인과의 만남을 '인격적 만남'으로 시작하기 어려운 현실에서 장자가 보여 주는 모습들은 철학자뿐만 아니라 상담자의 모습으로서 부족함이 없다. '모든 만물은 하나이므로 구별이나 차별이 필요 없어 일체의 욕망이나 조건의 속박에서 벗어나야 함'을 강조한 장자의 사상 그리고 개인의 바람직한 변화를 뛰어넘어 서로의 바람직한 변화를 돕는 장자의 상담과정과 모습들은 다양한 상담적 가치를 가지고 있다.

이 글은 장자의 철학과 책 『장자(莊子)』 속에 숨겨진 상담적 요소와 의미를 밝히고자 상담학적 지식과 관련지어 재해석하였다. 장자 철학의 중요 개념과 함께 『장자(莊子)』에 등장하는 다양한 우화와 장면을 상담자의 관점 혹은 청담자의 관점에서 바라보았으며, 때로는 상담자와 청담자 모두에게 적용되는 관점으로 재해석하였다. 또한 상담과정의 첫 시작이라 할 수 있는 '관계'로부터 상담의 종료 시점에 이르는 상담의 전(全) 과정 역시 장자가 내포하는 상담적 의미로 설명하고자 하였다.

이 책을 통해 장자를 더 이상 '철학자'가 아닌 '뛰어난 상담자'로 바라보는 관심과 연구들이 뒤이어 계속되기를 기대한다. 교사의 삶을 꿈꾸며 첫발을 내딛었던 순간부터 상담학도이자 교육 현장에 서 있는 지금까지 늘 한결같은 관심과 사랑으로 격려해 주시는 박성희 교수님께 진심으로 감사드린다.

차 례

장자와 상담

 상담이란 인격적 만남을 통해서 생활 세계 곳곳에서 사람들의 바람직한 변화를 돕는 과정이다(박성희, 2007b). 요컨대, 사람과 사람이 만나서 무엇인가 인격적인 접촉을 하고 이를 통해 상대에게 도움을 제공하는 일이 벌어진다면 바로 거기에 상담이 있다는 말이다(박성희, 2007a).

 무한 경쟁사회와 성과주의로 인해 자신 이외의 모든 대상을 수단과 도구로 삼아 버리는 오늘날에 주목한다면, 사실 현대인의 타인과의 '만남'은 인격적인 만남으로부터 시작하기 어려운 것이 현실이다.

따라서 오늘날의 상담은 바로 인격적인 만남을 가능하도록 하는 마음가짐에 초점을 두어야 한다. 즉, 상대방의 바람직한 변화를 돕는 과정의 전제조건인 '인격적인 만남'이 가능하도록 인식의 변화를 이끄는 것이 현대 상담의 첫 출발점이 되어야 한다. 또한 타인과의 경쟁과 비교 등 외부 요인에서 비롯되는 좌절, 분노, 시기, 불안 등의 스트레스에서 벗어나 청담자 스스로 주체적인 삶을 살아갈 수 있도록 청담자의 인식의 전환을 목표로 하는 상담 역시 현대사회에 필요하다.

이러한 필요성을 곱씹어 보면 장자에게 해답이 있다. '만물에 존재하여 모두를 평등하게 여기고 만물의 변화의 원동력이 되는' 장자의 도(道) 그리고 '모든 만물은 하나(一)이므로 구별이나 차별이 필요 없어 일체의 욕망이나 조건의 속박에서 벗어나야 함'을 강조한 제물(齊物) 등 장자의 주요 사상 속에는 인식의 전환을 이끄는 무궁무진한 상담적 가치가 숨어 있다. 뿐만 아니라 장자의 사상과 철학이 담겨 있어 그의 저서라 할 수 있는 책 『장자(莊子)』에 등장하는 많은 우화(寓話) 역시 상담적 요소를 찾기에 충분하다. 더욱이 우화는 그 특성상 정답이 없고 읽는 사람이 나름대로의 의미로 자유롭게 재해석할 수 있는 매력이 있기 때문에 상담학적 접근이라는 방향성만 잃지 않는다면 무궁무진한 상담적 요소를 제공하는 충분한 자료가 될 수 있다.

그러나 기존의 장자에 대한 연구는 크게 철학자로서 장자의 세계관과 인식론 및 수양론에 관심을 두고 탐구를 진행한 연구들(백승도, 2005; 엄연석, 2010; 오상무, 2012; 이국봉, 2009; 이순연, 2010; 이종성, 2000; 이진경, 2011)과 『장자(莊子)』를 문학적 관점에서 접근하여 '사용되는 언어와 이야기(우화)의 특징'에 중점을 둔 연구들(문범두, 1994; 조윤래, 1999)이 주류를 이루어 왔다. 최근에는 장자를 상담과 연계하여 탐구하고자 하는 연구들도 증가하고 있으며, 이러한 최근의 연구(박승현, 2011; 이승환, 2010; 장윤수, 2007; 정세근, 2011) 대부분은 철학적 관점을 바탕으로 치료를 상담 목적으로 하는 장자 연구에 집중하고 있다. 하지만 철학을 기저로 더욱이 치료적 관점에서 장자를 상담과 연계하려는 것은 부족함이 있다. 먼저, 철학과 상담학은 바라보는 대상과 그 성격이 다르다. 철학은 연구의 대상이 일정하지 않다는 것이 특징이라 할 수 있다. 심지어 철학에서는 우주의 근원까지 사유의 대상이 되기에 그야말로 형이상학적이라 학문의 폭이 넓고 대상도 너무나 많다. 그러나 상담학은 오로지 그 대상이 인간에 초점을 맞추고 있고, 상담의 목적 역시 치료만이기보다는 '만남'과 '관계' 속에서의 '성장'에 있기 때문에 치료를 위해 상담이 존재한다고 보고 상담을 활용하고자 하는 연구와 접근 방법들은 상담이 가진 큰 의미를 모두 담아내지 못하게 되어 바람직하지 않다. 또한 장자의 사상 일부만을 인용한 상담적 접근(고은희, 2014; 이영이, 1991) 그리고 역전이 등의 상담자의 측면만을 연구(김미진, 2003; 김명아, 2013; 최설경, 2010)하거나, 앞서 언급하였듯이 청담자(내담자)만의 치료 측면에서 장자를 연구하는 것은 상담학의 전체적인 큰 틀 안에서 장자가 가진 상담적 의미와 요소를 찾아보기에 부족한 것이 사실이다.

이런 이유로 필자는 인간, 관계, 성장에 중점을 두는 상담학을 바탕으로 하여 장자의 주된 사상과 『장자(莊子)』에 숨어 있는 상담적 가치를 이 글을 통해 드러내고자 하였다.

먼저, 장자의 주요 사상에 대한 이전 연구(박옥영, 2011; 심재권, 2000; 조미은, 2004) 및 장자의 삶과 철학을 엿볼 수 있는 관련 서적(김학주 옮김, 2013; 심규호 옮김, 2011; 심의용 옮김, 2013; 윤재근, 2013; 이기동 역해, 2008; 정용선, 2012)을 주로 참고하여 상담적 요소가 돋보이는 장자 철학의 주요 개념 다섯 가지를 발췌하고 이를 상담학적으로 재해석하였다. 이어서 상담학적 의미로 재해석한 주요 개념들을 『장자(莊子)』와 연계함으로써 『장자(莊子)』가 가진 상담적 요소를 분명히 하였다. 이를 통해 장자 상담의 의미와 특징, 장자 상담의 과정과 적용 방안 등을 구체화할 수 있었다.

지금부터 상담의 전 과정에서 청담자의 인식의 변화

에 조력하는 장자의 모습과 장자 상담의 다양한 특징
을 밝힘으로써 더 이상 '철학자 장자'가 아니라 '뛰어
난 상담자로서 장자'를 소개하고자 한다.

2

상담자 장자

『장자(莊子)』의 「인간세(人間世)」 편에는 다음과 같이 언급되어 있다.

잡념을 없애고 마음을 하나로 통일하라. 귀로 듣지 말고, 마음으로 듣도록 하라. 다음에는 마음으로도 듣지 말고 기(氣)로 듣도록 하라. …… 기(氣)는 텅 빈 채로 모든 사물에 응하는 것이다(차경남, 2012, p. 182).

이 문단을 상담과정의 최종 회기를 끝마친 청담자가 지녀야 할 바람직한 모습으로 생각해 보면, 다음과 같은 설명이 가능하다. 상담의 첫 회기, 자신을 둘러싼 외부 요소에 단편적인 방법들로 반응함으로써 문제 상황에 옭매여 온 청담자는 상담자를 찾아왔다. 그러나 상담의 최종 회기를 마친 청담자는 이제 외부 요소에 반응하지 않고 자신의 모든 주변 상황을 있는 그대로 받아들이는 '인식의 전환'에 성공한다.

이번에는 앞의 문단을 상담과정에서 상담자가 가져야 할 자세와 태도라는 측면에서 바라보자. 상담자는 상담과정에서 청담자를 향해 편견과 선입견 등의 잡념을 없애고 '텅 빈 상태'로 집중하여 상담과정에 응해야 함을 알 수 있다.

앞서 제시한 짧은 문단만을 보아도 알 수 있듯이, 『장자(莊子)』에 나오는 많은 우화(寓話)와 철학적 사상은 상담학적 요소와 의미를 발견하고 추출할 수 있는 충분한 상담 연구 자료가 된다. 이는 상담자 장자로 불리는 것 역시 충분함을 의미한다.

인생의 곤경에서 벗어나고, 내심의 고통에서 벗어나와

정신적 즐거움에서 만족을 누리는 것이 바로 장자사상이 추구하는 목적이다. 최종의 목적은 어디까지나 자유로운 인생의 추구이며, 절대적인 정신적 자유의 모색이다(완샤 풀어씀, 심규호 옮김, 2011, p. 178).

상담자 장자일 수밖에 없는 또 다른 이유는 바로 여기에 있다. 상담의 목표는 개인의 바람직한 변화와 성장에 있다. 이를 위해서는 타인에 대한 의존이나 강제에 의한 수동적 삶처럼 외적 요인에 구속된 삶이 아닌 자유로운 인생을 위한 정신적 자유가 전제조건 이라 할 수 있는데, 이것은 곧 장자의 사상과 일맥상통한다.

마지막으로, 장자는 청담자의 인식 전환을 통한 변화(變化)에 조력하는 상담자의 모습을 보여 준다.

『장자(莊子)』의 「소요유(逍遙遊)」 편에는 다음과 같은 대화가 등장한다.

혜시가 장자에게 말했다. "위나라 왕이 큰 박씨를 주기에 그것을 심었더니, 자라나서 5석이나 들어갈 정도의 큰 열매가 열렸소. 물을 담자니 무거워 들 수가 없고 둘로 쪼개어 바가지로 쓰자니 납작해서 아무것도 담을 수가 없었소. 확실히 크기는 컸지만 쓸모가 없어서 부숴 버리고 말았소."

장자가 말했다. "선생은 큰 것을 사용하는 방법이 매우 서툴군요. 송나라에 손 안 트는 약을 잘 만드는 사람이 있었는데 그는 그 약을 발라 가며 대대로 솜을 물에 빠는 일을 가업으로 삼아 왔소. 한 나그네가 그 소문을 듣고 약 만드는 기술을 백금에 사겠다고 말하자, 친척을 모아 의논하기를 '우리는 솜 빠는 일을 대대로 해 오고 있지만 고작 몇 푼을 벌 뿐이다. 이 기술을 팔면 하루아침에 백금이 들어오니 팔도록 하자.' 하였다오. 이 나그네는 약 만드는 비법을 가지고 오나라 왕을 찾아가 설득했소. 월나라가 오나라에 쳐들어오자 오나라 왕은 이 사람을 장군으로 삼아, 겨울에 월나라 군대와 수전을 하여 적을 크게 무찔렀소. 오나라 왕은 공을 치하하여 그에게 땅을 나누어 주었소." 이어서 장자가 말했다. "손을 트지 않게 하기 위해서 사용하는 약은 같소. 그러나 어떤 사람은 땅을 받아 영주가 되고 어떤 사람은 계속 솜 빠는 일에서 벗어나지 못하오. 지금 당신은 5석이나 들어갈 정도로 큰 박이 있는데 어째서 이

걸로 커다란 통 배를 만들어 강이나 호수 위에서 타고 노닐려 하지 않고, 납작하여 아무것도 담을 수 없다는 것만을 걱정하시오. 선생의 마음은 꽉 막혀 있군요."(푸페이룽 지음, 심의용 옮김, 2013, pp. 202-203)

이 혜시와의 대화에서 상담자 장자는 오로지 청담자의 단 한 가지에 목표를 두고 이를 이루고자 노력한다. 장자는 혜시에게 인식의 관점, 생각의 접근방식을 바꾸면 부정적인 것도 긍정적으로, 쓸모없음(無用)도 유용(有用)함으로, 불평과 불만, 걱정도 희망으로 변화됨을 설명하고 있다. 즉, 장자의 관심이자 목표는 바로 청담자의 인식 전환에 있다.

상담학이란 청담자에게 돈을 버는 기술과 공부 잘하는 방법, 사람을 잘 사귀는 방법 등의 처세술을 가르치는 학문이 아니다. 단지 청담자의 인식 전환을 통해 바람직한 변화와 성장을 조력하는 데 목적을 두는 학문이다. 따라서 장자의 인식 전환과 사유 방식의 변화는 상담학에서 다루어야 할 핵심이라 할 수 있다.

앞서 밝혔듯이 장자가 정신적 자유를 추구한다는 점과 더불어, 청담자의 현재 문제 상황과 성장을 방해하는 요인을 찾아낸 후에는 청담자의 인식의 전환을 통해 바람직한 변화를 도와주어야 한다는 점에서 장자는 철학자이기 이전에 뛰어난 상담자라 할 수 있다. [그림 2-1]로 상담자 장자의 모습을 간단히 정리해 보자.

장자의 관심	장자의 역할	상담자 장자
청담자의 인식 전환과 사유 방식의 변화 (정신적 자유를 위한 내면의 변화)	청담자의 변화와 성장을 조력 (바람직한 변화 및 주체적 성장을 조력)	청담자가 절대적인 정신적 자유를 얻음. 즉, 소요유의 삶 시작

[그림 2-1] 상담자 장자의 모습

이제 어느 정도 상담자 장자의 윤곽을 잡을 수 있을 것이라 생각한다. 이처럼 장자의 철학과 장자가 보여주는 모습은 상담과 매우 어울리는 한 쌍이다. 참고로 [그림 2-1]에 제시된 '소요유'는 『장자(莊子)』의 편명으로서 상담과정의 최종 단계에서 정신적 자유를 얻은 청담자의 모습이라고 할 수 있다. 소요유에 대한 상세한 내용은 5장 『장자(莊子)』의 편명으로 보는 상담'에서 다시 확인할 수 있다.

3

장자 철학적 사고방식의 필요

'장자의 도가(道家)' '도가의 장자' 하면 많은 사람이 그 뜻은 정확히 알지 못해도 무위자연(無爲自然)을 떠올린다. 이처럼 장자 철학의 기본이자 핵심이 되는 개념인 무위(無爲)란 허(虛)를 추구하는 행위 혹은 스스로 그러하게 가도록 하는 행위다(심재권, 2000). 따라서 무위의 학문이자 무위의 철학인 도가에서는 이성(理性)의 작용조차 인위(人爲)적인 것이라 할 수 있다. 이성의 작용은 개인이 선택하고 조작할 수 있기 때문이다. 다시 말해, 이성은 자신이 선택하고 한정한 대상에 대하여만 주관적 인식 능력을 발휘할 수 있을 뿐이고 그것을 벗어난 것에 대해서는 알 길이 없다.

장자 철학은 이성 중심의 철학이 아니다. 거대한 물고기인 곤(鯤)이 등장하고 심지어 곤이 거대한 새인 붕(鵬)으로 변하기까지의 이야기가 담긴 「소요유(逍遙遊)」편, 포정이라는 인물이 소를 해체하는 과정이라는 뜻인 포정해우에 등장하는 수십 년을 사용해도 멀쩡한 칼날의 이야기가 담긴 「양생주(養生主)」편 등, 허무맹랑한 이야기로까지 여겨지는 『장자(莊子)』속 다양한 우화(寓話)들만 보아도 이를 쉽게 알 수 있다.

상담학 역시 이성 중심의 학문의 성격과는 거리가 있다. 상담학 그리고 상담과정에서 경험하는 순간순간은 이성 중심의 사고방식으로는 설명이 불가능하다. 앞서 밝혔듯이 상담은 "인격적 만남을 통해 생활 세계 곳곳에서 사람들의 바람직한 변화를 돕는 과정"(박성희, 2007b)이다. 인격적 만남을 통해 청담자의 바람직한 변화를 돕는 상담에서 가장 기본이며 핵심이 되는 개념인 공감과 진정성, 수용(박성희, 2009, 2011, 2012) 역시 이성적 사고만으로는 실천이 불가능하다.

더욱이 개인의 바람직한 성장을 위해 개인의 사고, 행위, 관계, 감정 등 개별적 문제를 다루는 상담학을 이성만으로 접근하기에는 너무나 차갑고 불충분한 것이 사실이다. "그래, 내가 청담자의 입장을 30% 공감하고 내 마음의 진정성은 80%이므로, 나의 상담은 절반 이상의 성공이라 할 수 있겠어." 이처럼 '상담의 전 과정'을 비롯해 '청담자의 변화'를 어떻게 수치화·계량화하여 다룰 수 있을 것인지, 그것이 가능한지, 그 결과를 신뢰할 수 있는지 등을 간단히 생각해 보아도 쉽게 수긍이 간다. '이성적이고 합리적인 상담'과 '공감하는 상담'에서 느껴지는 어감의 차이, 그리고 '동일한 부품으로 제작된 기계'와 마주하는 상담인지 '제각각의 환경에서 다양한 사고방식으로 살아가는 인간'과의 상담인지만 생각해 보아도 상담에서 이성적 사고의 한계는 분명하다.

　이와 같은 이유로 상담에서 장자 철학의 의미는 더욱 중요하다. 어디에나 존재하는 '도(道)'의 개념과 모든 사람(人), 심지어 '만물이 모두 유기체와 같은 하나

(一)'라는 제물론(齊物論)의 개념은 상담에서 이성적 사고의 한계를 넘어선다. 모든 존재와 그 행위들을 구별 및 차별하지 않고 따뜻하게 감싸고 존중하며 인정해 주는 장자의 사고방식은 개인의 바람직한 성장을 위해 조력하는 과정인 상담에 있어 밑바탕이 되며 지적(知的) 창고라 할 수 있다.

4

장자 철학의 중요 개념과 상담

책 『장자(莊子)』를 통해 상담자 장자를 만나 보기 위해서는 먼저 장자 철학과 사상의 기본적인 내용과 의미를 알아야 하는 것이 우선이다. 그리고 이를 다시 상담학적인 시각에서 바라보는 준비 작업 역시 필요하다. 이에 필자는 장자 철학의 대표적인 주요 개념을 도(道), 무위(無爲), 자연(自然), 제물(齊物) 그리고 심재(心齋)와 좌망(坐忘)으로 정리하였으며, 이를 상담학적 의미로 분석 및 재해석하여 '장자와 상담'의 뿌리(박옥영, 2011; 박주영, 2014; 심재권, 2000; 이옥순, 2005; 조미은, 2004)로 삼았다. 즉, 이러한 주요 개념들은 '장자와 상담'의 관계를 보다 명확하고도 쉽게 풀어내기 위한 열쇠라 할 수 있다.

1. 도

희미하여 없는 듯하면서도 엄연히 존재하고 자연스럽게 생겨나 무심(無心)하며 그 형체는 보이지 않지만 작용은 신통(神通) 자재(自在)하다. 만물은 이 작용에 의해서 양육되면서도 그것을 알지 못한다. 이것을 우주만물의 근본이라 한다(『장자(莊子)』 「지북유(知北遊)」, 조미은, 2004에서 재인용).

도는 장자의 가장 기본적이며 중요한 개념이다. 도는 모든 만물(萬物)에 존재한다. 도에서 정신(精神)이 생기고 정신에서 형(形)이 생기고 또 그것에서 만물이 생성된다. 도에 순응하는 자는 만상(萬象)의 변화에 자유롭게 호응할 수 있으며, 자연은 도에서 생성되어 오늘과 같이 존재하는 우주(宇宙)의 본체다. 따라서 도의 함축적 의미는 두 가지로 요약된다. 하나는 우주적(宇宙的) 근본(根本)으로서의 도이고, 다른 하나는 최고(最高) 인식(認識)으로서의 도다. 「대종사(大宗師)」에서 말하는 도는 '땅을 생기게 하고 하늘을 생기게 한다.'와 같이 우주론적 의미를 지니고 있다면, 「제물론(齊物論)」에서 말하는 '도'는 인식론적 의미를 함축하고 있다. 제물론의 '도'는 '인간의 의식이고, 인간이 의식적으로 추구하고 간직해야 할 최고의 인식 경계이며 조건적이다. 이런 도는 최고의 인식 혹은 진리에 대한 인식'이라고 한다(최진석 옮김, 1998, p. 83).

가장 높은 인식은 사물의 존재를 모르는 것으로, 도가 구체적인 모든 인식을 벗어나는 무차별(無差別)경지를 뜻한다. 시비(是非), 분별(分別), 호오(好惡)의 감정은 도를 파괴하는 것들이고, 이러한 시비 등을 초탈하는 것이 최고의 인식에 도달하는 관건이 된다. 장자는 무차별의 경지에 들어갈 수 있고 번뇌를 초월할 수 있다면 정신적인 즐거움을 누릴 수 있다고 보고 있다(조미은, 2004).

앞서 언급한 '정신적 즐거움을 누릴 수 있도록 하는' 도의 특성은 상담과 어떤 연관이 있을까?

청담자는 현실의 각종 문제 상황에서 시비, 분별, 호오 등의 다양한 감정을 극복하고 번뇌를 초월하여 정신적 즐거움을 얻을 때 바람직한 성장이 가능하다. 즉, 도의 추구하는 바는 곧 상담의 목표이자 목적과 동일하다.

또한 장자는 「대종사」 편에서 '도'를 다음과 같이 표현하고 있다.

도란 실질이 있고 증거가 있지만 작위도 없고 흔적도 없다. 그래서 마음으로는 전할 수 있지만 입으로는 전할 수 없으며 깨달을 수는 있지만 볼 수는 없다. 스스로 근본을 이루고 뿌리로 삼아 천지가 있기 전부터 계속 존재해 왔다. 귀신을 만들어 내고 상제를 만들어 내며 하늘을 낳고 땅을 낳아서 태극보다 위에 있으면서도 높은 척하지 않고, 육합보다 깊이 있으면서도 깊은 척하지 않고, 천지보다 먼저 존재했으면서도 오래되었다고 생각하지 않으며 까마득한 옛날에 비해 더 오래되었으면서도 늙었다고 생각하지 않는다(푸페이룽 지음, 심의용 옮김, 2013, p. 242).

이처럼 도는 언어로 전해질 수 없다. 도가 언어로 표현되지 못하고 전해질 수 없다는 말은 도가 무한하고 무차별의 경지이며 보편적이고 절대성을 가지고 있다는 의미다. 도는 형체를 지니고 있는 사물로 규정될 수 없다는 뜻으로, 즉 도는 무위라는 의미다(박옥영, 2011). 이러한 보편적으로 존재하고 절대적인 '도'의 특성 역시 상담에서 눈여겨보아야 할 항목이다. 만물을 모두 평등한 존재로 바라보도록 하는 '도'는 상담의 전제조건이 되는 '인격적인 만남'을 가능하게 함과 동시에 비교와 차별 없이 청담자의 존재를 존중하는 상담자 마음가짐의 중요성과도 관련지어 생각할 수 있다.

도는 항상 변하기 때문이다. 만물의 도는 끊임없이 생성 변화해 가면서 그 스스로 조화를 이루면서 만물을 가지런하게 만들어 간다. ······ 도의 성격이 한결같다는 것은 도의 특정한 방향성과 목적이 없으면서도 스스로 조화하고

균형을 이루어 나가는 장자의 제물론이라는 뜻과 통한다
(심재권, 2000).

도(道)는 그 자체가 천지(天地)만물(萬物)의 근본이며
자연법칙으로 시공(時空)을 초월해서 존재한다. 도(道)는
끝없이 운동 변화하는 만물(萬物)의 원동력(原動力)이다
(박옥영, 2011).

장자는 인위적인 분별과 선입견 때문에 진실된 세계를
분별심으로 바라보아서는 안 되며 만물을 하나의 근원으
로 바라볼 수 있는 인식이 필요함을 강조하였다. 즉, 만물
을 하나로 본다는 것은 만물을 각각 본성에 따라 바라본다
는 뜻이다. 이처럼 만물의 개성을 존중하는 눈으로 바라보
면 그것이 모두 하나의 원리에 통해 있음을 인식할 수 있
다. 그 원리를 터득하면 곧 도를 얻는 것이다(이옥순,
2005, p. 18).

이 세 인용문에서 도는 끊임없는 변화(變化)의 도이
자 스스로 변화하며 조화(調和)와 균형(均衡)을 이루는
도다. 따라서 상담학적인 시각으로 '만물의 변화의 원

동력(原動力)인 도'를 바라본다면, 모든 청담자에게 내재된 '성장을 위한 가능성'의 의미로 재해석할 수 있다.

또한 '만물이 하나(一)'라는 제물(齊物) 역시 상담의 정의와 함께 살펴볼 필요가 있다.

상담이란, 인격적 만남을 통해서 생활 세계 곳곳에서 사람들의 바람직한 변화를 돕는 과정이다(박성희, 2007b).

요컨대 사람과 사람이 만나서 무엇인가 인격적인 접촉을 하고 이를 통해 상대에게 도움을 제공하는 일이 벌어진다면 바로 거기에 상담이 있다는 말이다(박성희, 2007a).

서로가 구별된 '독립된 존재'가 아니라 '하나로 연결되어 있다'는 제물은 사람과 사람이 생활 세계 곳곳에서 만나 상대에게 영향을 미칠 수 있음을 의미한다. 또한 상대의 바람직한 변화에 조력하려면 인격적인 만남이 전제되어야 하는데, 구별과 차별이 무의미하여 우리 모두가 하나라는 제물의 의미는 '인격적인 만남'

을 실현시킬 수 있다는 점에서 곱씹어 볼 만하다.

도를 가져다 바칠 수 있는 것이라면 사람들은 누구나 그
것을 자기 임금에게 바칠 것입니다. 도를 가져다 드릴 수
있는 것이라면 사람들은 누구나 그것을 자기 부모에게 갖
다 드릴 것입니다. 도를 일러 줄 수 있는 것이라면 사람들
은 누구나 그것을 자기 제자들에게 일러 줄 것입니다. 도를
남에게 줄 수 있는 것이라면 사람들은 누구나 그것을 자기
자손들에게 전해 줄 것입니다(『장자(莊子)』 「천운(天運)」,
박옥영, 2011).

이 글에서 알 수 있듯이, 도는 학습하여 체득하는 것
이 아니라 자신의 깨달음과 결단에 의해 가능한 것이
다(박옥영, 2011). 이러한 도의 특성은 타인 혹은 외부
로부터 학습하여 익히는 것이 아니라 스스로의 내적
동기와 결심에 의해 얻을 수 있다는 점에서 청담자를
중심으로 바라보는 인간중심주의적 상담 및 비지시적
상담과도 연계할 수 있는 부분이다.

도와 일체되어 무아의 상태로 돌아가 일체를 있는 그대로 받아들여 무한한 자유를 누려야 한다. 장자에게 자유는 인간이 자기 속박에서부터 완전히 벗어나는 것을 뜻한다. 도를 체득함으로써 현상계의 차별과 대립에서 사로잡히지 않는 인간, 즉 주어진 세속에 살면서도 그 세속의 속박에 얽매이지 않는 자애로운 정신의 소유자만이 진정한 자유인, 진인이며 소요인인 것이다(박옥영, 2011).

이 글에 등장하는 진인(眞人)의 모습을 살펴보자. 세속의 속박에 얽매이지 않은 주체적인 사고의 소유자인 진인의 모습은 상담의 궁극적 목표인 '주체적이고 자율적으로 삶을 살아가는 청담자'의 모습과 일치한다.

지금까지 살펴본 것처럼 장자의 핵심 사상인 도의 개념과 그 특징들은 여러 면에서 상담학과의 연결고리를 찾을 수 있는데, 이를 정리하면 〈표 4-1〉과 같다.

〈표 4-1〉 도의 특징과 상담학적 의미

	도의 특징	상담학적 의미
장자 철학의 도	무차별의 경지	시비, 분별, 호오 등이 없는, 즉 초월을 통한 정신적인 즐거움 ⇩ 기존 문제 상황이 청담자에게 더 이상의 문젯거리가 되지 않게 함으로써 바람직한 성장을 돕는, 곧 상담의 목표이자 목적과 관련함
	끝없이 운동 변화하는 만물의 원동력	도는 만물의 변화의 원동력 ⇩ 청담자에게 내재된 가능성으로서의 '도' 및 '만물이 하나'라는 제물론의 근거
	보편적 존재 및 만물을 하나의 근원으로 바라봄	'만물이 하나'라는 제물은 서로 간의 비교와 차별 없이 상담의 전제조건인 인격적인 만남을 가능하게 함
	학습하여 체득하는 것이 아니라 자신의 깨달음과 결단에 의해 가능함	타인 혹은 외부로부터의 학습이 아니라 ⇩ 청담자의 자율성과 주체성을 강조하는 인간중심주의적 상담 및 비지시적 상담과도 연계
	도의 경지에 이른 진인의 모습	상담을 통해 주체적이고 자율적으로 삶을 살아가는 청담자의 모습과 일맥상통

2. 무위

자연과 함께 장자철학에서 도의 별칭으로 사용되는 중요한 개념이 무위다. 그래서 흔히 '무위자연(無爲自然)'이라고 말을 함께 쓸 정도로 두 개념은 기실 같은 의미다. '자연'이란 천지만물이 생성 변화해 가는 길 (道, 도)의 모습을 형용한 말이다. 스스로 그러한 도의 길을 가려면 '무위'를 행해야 한다. 즉, 스스로 그러하 게 가도록 하는 행위가 곧 '무위'다(심재권, 2000).

무위의 의미를 좀 더 자세히 파악하기 위해서 허(虛) 와 정(靜)의 의미 또한 알아보자.

노장(老莊)사상의 입장에서 표현하자면, 만물이 스스로 그렇게 생성할 수 있는 여지를 남겨 놓은 것이 허(虛)라는 것이다. 이러한 풀이로 무위(無爲)를 설명한다면, 무위는 무를 허용하는 행위, 허를 극단까지 추구하는 행위라고 할 수 있다. …… 무위는 곧 허를 지극하게 하는 것이고 허는 곧 무엇이든 하지 못할 것이 없는 무불위(無不爲) 상태, 허

의 지극함이 매우 큰 상태가 되는 것이며 사물의 본성의
실정을 회복하게 된다. 이러한 상태는 바로 도를 체득한
상태다(심재권, 2000).

허를 추구하는 행위란 스스로 생성할 수 있는 여지
를 남겨 두는 행위를 의미한다. 이를 통해 허의 지극함
이 커진, 도를 깨닫게 된 상태는 속세의 문제 상황으로
부터 벗어난 주체적이고도 자율적인 청담자의 모습과
'무불위(無不爲)'라는 측면에서 일맥상통한다.

정은 허와 자주 함께 쓰이는 것으로 봐서 허와 같은
의미로 이해해야 한다. 정은 어떤 기능도 쓰일 수 있는

[그림 4-1] 무위의 개념을 통한 무불위의 청담자로의 변화 과정

무의 상태다. 무위는 곧 정의 상태로 되돌아감으로써, 어떠한 움직임(動)도 못할 것이 없는 상태를 유지하는 것이다. 장자는 「천도(天道)」편에서 "허정(虛靜)으로 천지의 도를 밝히고 만물의 이치에 통한다."고 하여 정의 상태는 곧 무의 상태이고 이러한 정의 상태로 되돌아오는 것이 천지만물의 도임을 강조하였다(심재권, 2000). 장자가 도의 길을 가기 위해 강조하였던 무위의 개념과 무불위의 상태는 상담과정에서 인식의 전환을 통해 무위하여 무불위한 모습을 추구하는 청담자에 비유할 수 있다.

무위의 개념과 대비할 수 있는 단어로는 인위(人爲) 또는 유위(有爲)가 있다. 『장자(莊子)』의 「변무(騈拇)」편에는 이와 관련하여 물오리와 학의 이야기가 등장한다.

길다 하더라도 남는 것이 있지 않고, 짧다 하더라도 부족하지 않다. 그러므로 물오리의 다리는 비록 짧지만 길게 이어 주면 걱정이 될 것이며, 학의 다리가 비록 길지만 짧게 잘라 주면 슬퍼하게 될 것이다. 그러므로 본성이 길면 잘라 주지 않아도 되고, 본성이 짧으면 이어 주지 않아도 된다. 아무것도 걱정할 것이 없는 것이다(장자 지음, 김학주 옮김, 2013, p. 227).

들오리(앞의 인용문의 물오리를 의미)의 다리가 짧은 것과 학의 다리가 긴 것은 '본성(性)'이다. 그 다리를 인위적으로 늘이거나 줄이면 유위를 행한 것이 된다. 반대로 그 다리는 스스로 그러한 것이므로 인위적으로 조작하지 않는 것이 무위다. 이와 같이 무위는 무, 허를 남기는 방향으로 행위함을 의미하고 허를 남기는 것은 사물이 스스로 그러한 본래의 성을 해치지 않음을 의미한다. 그러므로 무위와 유위는 스스로 그러한 사물들의 '성명지정(性命之情)'을 유지하는가 유지하지 못하는가에 따라 정해진다. 무위자연으로서의 삶은 앞서 '무위, 자연'에 대해 이해한 도의 성격이 모두 포함되는 삶이다. 물론 무위의 삶이 곧 자연의 삶이고, 자연의 삶이 곧 무위의 삶이다. 무위를 행한다는 것은 스스로 그러하게 흘러가도록 내버려 둔다는 것과 같은

의미이기 때문이다. 무위자연의 삶은 유위, 인위의 삶
과는 반대로 우리 인간세를 포함한 만물이 그 자신의
성명지정을 그 본래 그대로 발현되도록 이끄는 삶이다
(심재권, 2000).

장자가 강조한 '무위를 통해 무불위의 상태에 이르
는 것'은 상담의 목적과도 동일하다. 즉, 인위에 의해
청담자의 본성이 조작되지 않고 청담자 본래 모습 그
대로가 발현하여 스스로 문제 상황을 해결하도록 조력
하는 것이 바로 상담이 강조하는 바다.

3. 자연

도의 핵심 성격은 '자연'이다. 한자 '自然'을 자구
적으로 분석하여 이해해 보면, 자연은 '自'와 '然'을
합해 놓은 합성된 형용사다. '然' 자는 '그러그러하다'
라는 의미인데, 사실 도의 성격은 이 한 자로만 표현해
도 된다(심재권, 2000).

자연의 다른 표현들로는 「재유(在宥)」 편에 나오는
자생(自生), 자화(自化), 자정(自正) 등이 있다. 자생이
란 '스스로 생성함'이라고 직역할 수 있는데, 만물이
생성·변화해 가는 것은 그 배후에 어떠한 주재자도
없이 그 사물 스스로의 에너지와 잠재력으로 인한 것
이란 의미다. 자화란 '스스로 변화한다'는 뜻으로 만
물은 각각 스스로의 본성에 따라 변화해 간다는 뜻이
다. 자생과 의미는 비슷하다. 자정의 개념은 『장자(莊
子)』에서 다음과 같이 사용한다. "고요함으로 신령함
을 안고 있으면 형체는 장차 스스로 바르게 된다(拘神
以靜, 形將自正, 在宥)." 그러므로 '스스로 바르게 된
다'는 자정 또한 자연의 한 종류임에 틀림이 없다(심재
권, 2000).

이러한 도의 핵심 성격으로서 스스로 바르게 변화할
수 있는 '자연'은 상담과정에서 청담자에게 내재되어
있는 주체적·자율적 능력을 강조한 로저스(Rogers)의
실현 경향성(actualizing tendency) 및 인간중심주의 상
담과도 관련지어 생각할 수 있다.

4. 제물

제물은 상담학적인 의미를 가장 쉽게 엿볼 수 있는 장자의 사상이다. 공감과 수용, 만남(관계), 소통, 구별과 차별의 무의미함, 존중 등 상담학과 관련된 개념들은 모두 제물의 개념을 통해 설명이 가능하며 실현 또한 가능한 것들이다.

제물은 물(物)을 평등하게 한다는 의미가 아니라 오히려 평등하지 않은 사물들, 그것을 그것 그대로 내버려 둔다(無爲)는 의미다. 그러면 만물은 스스로 그러하게 그 각각의 사물들 자체의 본성에 따라 균형을 이루어 나갈 것이다(심재권, 2000).

하나로 연속되어 있다는 것은 획일(劃一)의 일(一)이 아니라 제물(齊物)의 일(一)을 뜻한다. 즉, 모든 존재자들이 동일한 '하나'가 아니라 다양한 존재자들이 서로 차별 없이 조화를 이루며 연결되어 있는 '하나'를 뜻한다는 말이다(정용선, 2012, p. 119).

이 두 인용문에서처럼 제물은 동일한 '하나'의 의미가 아니라 제각각의 다른 존재들이 서로 차별 없이 균형을 이루며 연결된 '하나'를 말한다. 따라서 제물의 개념 속에는 일상생활 속 연결되어 있는 존재로서 서로 간의 만남, 서로 간의 구별과 차별의 무의미함, 서로에 대한 존중과 같은 다양한 상담학적 메시지가 들어 있다.

진리는 일체가 구별되지 않는 혼돈의 세계에 존재하는 것임에도, 모든 것을 구별하여 따지는 것은 사람들이 의식을 만들어 내어 각자가 만들어 낸 자기의 의식에 사로잡혀 있기 때문이다(이기동 역해, 2008, p. 73).

이 글에서 '혼돈의 세계'란, 즉 '도의 세계'다. 도에서는 모두가 평등한 존재이므로 '이것'도 '저것'이고 '저것'도 '이것'인 제물이 된다. 따라서 나 자신의 가치판단으로 타인을 판단할 수 없고 설사 판단한다 하더라도 그 판단이 옳다고 확신할 수는 없다. 이는 상담 과정에서 상담자가 청담자를 대상으로 명심해야 할 부분이다.

타자를 자기 인식의 틀에 의해 판단하려는 마음(成心)을 없애고, 대상과 주체에 대한 분별적 사고를 없애는(齊物) 경지가 되어야만 대상과 소통할 수 있다(박주영, 2014).

즉, 제물론(齊物論)을 떠올린다면 상담과정에서 상담자 위주의 판단은 불필요하고 동시에 무의미하다. 청담자와 상담자, 우리 모두는 하나로 연결되어 있는 존재다. 따라서 상담자는 자신의 가치 기준과 편견, 선입견 등으로 청담자를 구별하여 판단하는 것을 주의해야 한다. 또한 청담자 역시 생활 속에서 모두가 하나로 연결된 '관계'라는 점을 기억하여 타인을 비롯한 외부 요소에 자신을 비교하기보다는 주체적이고 자율적인 삶을 살아가야 한다. 생활 세계 곳곳에서 공감과 수용

의 자세로 서로를 존중하고 도움을 제공하는 등 '하나
의 연결된 관계로 살아가는 것'이 곧 상담이다. 이처럼
오늘날 '모두가 하나로 연결된 제물의 의미'는 상담학
적인 사고와 매우 관련이 깊다.

5. 심재와 좌망

1) 심재

「인간세(人間世)」편에는 공자가 등장하여 안회에게
심재에 대해 설명하는 장면이 있다.

안회는 스승(중니)에게 말한다. 부디 심재에 대해 말씀
해 주십시오. 그러자 중니는 다음과 같이 말한다. 너의 뜻
을 하나로 하라. 귀로 듣지 말고 마음으로 들으며, 마음으
로 듣지 말고 기(氣)로 들어라. 듣는 것은 귀에서 그치고,
마음은 그 뜻에 부합하는 것에서 그친다. 기(氣)는 텅 비어
물(物)을 기다리는 것이다. 오로지 도는 비어 있는 곳에만
모인다. 비어 있는 것이 곧 심재다(정용선, 2012, p. 196).

심재(心齋)란 감각과 인식·분별을 하는 마음의 작용을 멈추게 하여 마음이 외부의 한 부분에 얽매이는 것을 막는 것이다. 그리하여 일체의 것(전체)에 마음을 개방하는 것이다. 지인(至人)은 심재의 상태에서 단순히 있는 나무만이 아니라 그 속에 반영되어 있으나 은폐되어 있는 전체 세계의 생성적 관계와 무궁한 변화의 패턴을 동시에 본다(조미은, 2004).

즉, 외부 요소에 의해 좌우되는 청담자 마음의 작용을 멈추게 하는 것, 이를 통해 문제 상황으로부터 벗어나도록 하는 것이 곧 심재인데 이것은 상담의 목표와도 동일하다. 청담자가 겪고 있는 문제 상황의 모든 외부 요소를 찾아 바꾸는 것은 불가능하다. 외부 요소에서 문제 해결의 열쇠를 찾는 것은 단편적이고 미봉책일 뿐, 오히려 청담자에게 더 큰 스트레스를 유발한다. 따라서 상담자에게 가장 필요한 것은 외부의 상황을 바꾸도록 청담자에게 요구하는 것이 아니라 부분에 가려진 전체를 바라보도록 청담자의 인식의 전환에 조력하는 것이다. 청담자의 마음이 외부의 한 부분에 얽매이지 않고 주체적으로 전체를 바라볼 수 있도록 '인식의 전환'이 일어날 때 청담자는 성장할 수 있다.

『장자(莊子)』의 「달생(達生)」 편에 나오는 기성자와 왕의 대화를 통해 좀 더 쉽게 심재의 의미를 확인해 보자.

기성자가 왕을 위해 싸움닭을 키웠다. 열흘을 키우자 왕이 물었다. "닭은 이제 싸울 수 있겠는가?" 기성자가 답했다. "아직 안 됩니다. 지금 공연히 허세를 부려서 자기 기운만 믿고 있습니다." 또 열흘이 지나서 왕이 다시 묻자 기성자가 답했다. "아직 안 됩니다. 주변의 울음소리나 모습에 아직도 반응합니다." 열흘이 지나서 또 묻자 기성자가 답했다. "아직 안 됩니다. 여전히 눈을 부라리며 드센 기운이 없어지지 않았습니다." 또 열흘이 지난 후에 묻자 기성자가 말했다. "거의 다 되었습니다. 다른 닭이 울어도 자신은 요동하지 않습니다. 멀리서 바라보면 마치 나무로 만든 닭 같습니다. 천부적인 능력이 완전해졌습니다. 다른 닭이 감히 대응하지 못하고 한 번 보고는 도망쳐 버릴 것입니다."(푸페이룽 지음, 심의용 옮김, 2013, p. 219)

이 이야기는 겉으로 닭싸움을 다루는 것 같지만 실

제로 말하고자 하는 바는 '외부를 중시하고 내면은 경시하기'에서 '내면을 중시하고 외부를 경시하기'로 바꾸는 것이 곧 '심재'를 수양하는 구체적인 방법이라는 것이다(심의용 옮김, 2013).

장자의 심재는 인간의 문제를 극복하여 자기를 실현하고 하나의 완성된 인격체로 나아가는 과정이며, 끊임없는 자기 수양의 단계를 거쳐야만 도달될 수 있는 것이다(박주영, 2014). 상담 역시 청담자가 문제를 극복하여 자기를 실현하고 하나의 완성된 인격체로 성장하는 과정이며, 상담과정은 상담자가 주체이기보다 청담자 자신의 끊임없는 노력이 반영되는 자기 수양과도 같다.

2) 좌망

좌망이란 수양(修養)의 극치로서 무아(無我)의 경지를 뜻하는데, 일체의 물아(物我), 시비, 차별(差別)을 잊어버리는 정신 상황이다. 장자는 심재(지식의 속박에서 해방)와 좌망(지식과 욕망에서 해방)을 통해서 정신의 자유를 얻을 수 있다고 말하고 있다. 이것은 곧 허요, 정이요, 좌망이며 무기(無己)이자 상아(喪我)와도 일맥 상통한다(조미은, 2004).

무기는 자기에 관한 집착에서 벗어나는 것이며 천리 (天理)를 따르는 것이다. 무기의 진실한 의경(意境)이 바로 심재이고, 심재의 의경이 곧 좌망의 의경과도 통 하는 것이다(조미은, 2004).

좌망이 장자의 사유를 이해하는 데 중요한 이유는 그것이 장자의 사유 전체의 구도를 보여 주기 때문이 다(정용선, 2011: 박주영, 2014에서 재인용). 좌망은 자신 의 몸과 마음, 보고 듣는 것을 쉬게 하여 앎을 잊는 것 이다. 겉으로 드러나는 세계에 대한 앎이 없는 상태이 니 마음을 비우는 것인 심재와 같은 것이다. 또 좌망은 '앉아서 잊는다'는 말이니 '제물론'의 '나를 잊는 것 [吾常我(오상아)]'과 같다(박주영, 2014).

조금 더 알기 쉽게 좌망의 의미를 풀어쓴 내용을 보 면 다음과 같다.

지식을 쌓는 공부가 아니라, 이미 알고 있고 가지고 있
는 관념과 고정의식을 버리는 공부다. 장자는 이를 '좌망
(坐忘)' 이라고 표현한다. …… 마음속에 있던 것을 더 이
상 마음속에 지니고 있지 않다는 표현이다. 나아가 마음에
서 개의치 않고, 돌아보지 않고, 매이지 않는다는 뜻이다
(정용선, 2012, pp. 374-375).

즉, 심재는 인간에게 나타나는 온갖 잡념을 없애 버
리고 마음을 정결하게 하는 것이며 심재의 목적은 마
음을 비움으로써 잡념을 없애 마음을 텅 빈 공허의 상
태, 즉 자연 그대로의 상태로 두는 것이다. 장자는 또
다른 마음의 수양 방법으로 좌망을 제시한다. 좌망이
란 정좌한 상태에서 모든 물체의 시비와 차별을 잊어
버리는 정신의 경지다. 나 자신의 존재조차 잊어버림
으로써 물아일체(物我一體)의 경지로 진입하게 된다.
이처럼 형체와 시비를 잊고 결국 모든 외물을 잊음으
로써 자아의식을 소멸시키고 이상적인 사람의 마음에
이른 과정을 좌망이라 한다(박옥영, 2011).

즉, 심재와 좌망은 장자의 내면 수양 방법이라 할 수 있다. 이를 오늘날의 현실에 적용하여 종합해 보면, 심재와 좌망은 현대인에게 필요한 자기(自己) 상담법의 성격을 지니고 있음을 알 수 있다. 청담자 자신은 심재와 좌망을 통해 문제 상황은 물론 자신을 구속하는 인위한 것들로부터 벗어나 모든 것으로부터 자유로워진다. 이러한 진정한 자유를 경험할 때 청담자 자신의 바람직한 성장이 일어날 수 있기 때문에 심재와 좌망은 자기 상담법으로서 가치를 지닌다. 이는 8장 '장자 상담의 적용'에서 좀 더 자세하게 살펴볼 것이다.

5

『장자(莊子)』의 편명으로
보는 상담

　『장자(莊子)』는 내편 7편과 외편 15편 그리고 잡편 11편으로 구성되어 있다. 『장자(莊子)』는 장자 사후 약 600년 뒤 곽상이란 학자가 편찬한 것으로 장자 본인이 편찬한 책은 아니다. 흔히 장자가 직접 저술한 내용이라고 불리는 내편은 「소요유(逍遙遊)」 「제물론(齊物論)」 「양생주(養生主)」 「인간세(人間世)」 「덕충부(德充符)」 「대종사(大宗師)」 「응제왕(應帝王)」으로 구성되어 있다(이인호, 2007).

1. 소요유와 상담

소요유란 '한가로이 거닐며 노닌다.' 라는 뜻으로 장자가 그리는 이상적 세계의 모습이다. 장자의 소요유는 초월적인 정신의 유희로서 일반적인 장난이나 놀이가 아니라 내면적인 유희다(심규호 옮김, 2011, p. 52). 오늘날 수많은 스트레스 속에서 살아가는 대부분의 사람에게 이러한 소요유의 경지는 누구나 바라고 꿈꿔온 일이다.

무엇 하나 걸림 없이 그저 그냥 자유를 누리며 노니는 것을 일러 소요유(逍遙遊)라 한다. 소요유(逍遙遊)란, 곧 자연을 따라 산다는 말이다. 자연을 따라 사는 일을 무위(無爲)라 한다(윤재근, 2013, p. 16).

청담자의 바람직한 성장에 조력하는 목적을 두고 있는 상담(박성희, 2007b)은 청담자의 내면, 마음의 건강에 관심을 두어야 한다. 문제 상황에서 주체적 사고와 올바른 판단을 할 수 있는 마음의 건강이 전제되어 있지 않다면 청담자의 바람직한 성장은 불가능하기 때문이다. 여러 외부 환경과 요소에 얽매이지 않고 살아가는 소요유의 모습은 상담을 통해 지향하는 청담자의 모습과 동일하다. 즉, 소요유의 모습은 상담이 마무리된 시점에 청담자에게 기대되는 모습이다.

2. 제물론과 상담

제물론의 제(齊)는 가지런히 같게 함이고, 물(物)은 삼라만상을 뜻하며, 론(論)은 이치를 밝힘이다. 제물이란 우주의 삼라만상이 모두 하나(一)라는 말이다(윤재근, 2013, p. 26).

제물(齊物)이란 "모든 사물을 한결같이 똑같은 것으로 본다."(김학주 옮김, 2013)는 뜻과 함께 "모든 존재자가 하나의 그물망으로 연결되어 있다."(정용선, 2012)는 뜻을 동시에 가지고 있다. 이 두 가지의 뜻에서 모두 상담학적인 의미를 살펴볼 수 있다.

첫째, 청담자에게는 스스로 성장할 수 있는 가능성이자 잠재력이 있다는 점이다. 장자는 세상 모든 것의 중심이자 기원이 도(道)임을 강조한다. 이러한 도는 어느 누구에게나 존재하는 것이다. 따라서 "천지 만물은 큰 차원에서 보면 모두가 한 가지이며 모든 것은 본질적으로 같은 것"(김학주 옮김, 2013)이라 할 수 있다. 단지 이러한 도의 개념을 깨닫지 못한 사람들에 의해서 시비(是非)가 나타나고 비교와 차별 등이 나타나는 것이라 장자는 설명하고 있다.

물건에는 본시부터 그렇게 될 요소가 담겨져 있으며, 물건에는 본시부터 가능한 요소가 간직되어 있는 것이다. 그렇게 되지 않는 물건이란 없으며, 그렇게 가능하지 않은 물건이란 없는 것이다(장자 지음, 김학주 옮김, 2013, p. 71).

이처럼 청담자 역시 무한한 잠재력이자 가능성으로서 도를 애초부터 가지고 있기에 청담자의 바람직한 성장은 청담자 스스로의 능력으로 가능하며 상담은 상담자가 이를 조력하는 과정이라 할 수 있다.

둘째, 우리 모두는 삶 속에서 상담자이자 청담자라는 점이다. 앞서 밝혔듯이, '모든 존재가 하나의 그물망으로 연결' 되어 있다는 제물의 의미는 다시 말해 우리 모두가 서로 간의 만남과 관계의 연속선상에 있음을 의미한다.

제물론을 통해 모든 사물, 즉 만물이 다 벗임을 깨달아야 하고, 그것을 깨닫는 순간, 텅 빈 마음(虛心)을 누리는 길을 찾을 수 있다(윤재근, 2013, p. 29).

상담 또한 만남과 관계의 학문이다. 이는 만남과 관계가 이루어지는 사회에서 살아가는 우리의 모습이 곧 상담의 계기이자 상담 그 자체가 되기 때문이다. 상담의 정의를 "생활 세계 곳곳에서 인격적 만남을 통해 바람직한 성장을 돕는 과정"(박성희, 2007b)이라 하면, 만남과 관계의 연속이라 할 수 있는 이 사회에서 서로에게 영향을 주고받는 삶을 살아가는 우리 모두는 상담자이자 청담자라 할 수 있다.

3. 양생주와 상담

『장자(莊子)』의 내편(內篇)에는 「양생주」편이 있다. '양생주'라는 편명을 한자의 뜻 그대로 풀이하면, 생명을 기르는 일의 핵심 및 요체 또는 삶을 온전히 기를 수 있는 주요한 핵심이라 할 수 있다.

즉, 장자는 참된 삶을 온전히 누리는 것을 양생(養生)이라 하여 강조하고 있으며, 무위자연(無爲自然)의 삶을 통해 인위적인 모든 것에 집착하거나 얽매이지 않은 자유로운 자연의 흐름 역시 강조하고 있다.

따라서 이를 종합해 보면, 장자가 말하는 '무위자연'의 삶과 '양생'은 곧 '마음'의 양생을 의미함을 알 수 있다.

'마음'의 양생은 곧 상담을 통해 청담자에게 전하는 메시지이자 청담자를 돕는 과정의 최종 목표다. 어떤 외부 요소에도 구속되지 않고 자신의 삶을 온전히 누리도록 하여 바람직한 성장을 하도록 조력하는 것이 곧 상담의 목표이기 때문이다. 따라서 마음 혹은 정신을 통한 내면의 성장은 개인이 참된 인생을 살아가고 누리게 하는 방법이자 요체를 의미하는 양생주이며, 이는 상담이 추구하는 목적이자 상담의 궁극적인 목표와도 같다.

장자는 '제물론'의 사유를 바탕으로 '양생주(養生主)', 즉 삶을 온전히 기를 수 있는 참된 길 다섯 가지를 제시한다. 그 첫째는 세상을 바라보는 기본적인 태도이고, 둘째는 일상에서 부딪치는 문제들을 극복하는 방법, 셋째는 예기치 않은 불행한 사태에 대처하는 자세, 넷째는 어디에 머물러야 할지를 판단하는 기준, 다섯째는 죽음을 대하는 태도다(정용선, 2012, p. 155).

상담학이라는 학문의 성격과 함께 상담이 청담자 내면의 변화와 관점의 전환을 통해 세상을 바라보는 인식과 행동, 삶의 태도를 바람직하게 변화시킨다는 점을 고려하면 상담이 곧 '양생주'다. 청담자 마음의 양생을 통한 내면의 변화와 성장은 곧 청담자의 바람직한 성장을 이끄는 원동력이다.

4. 인간세와 상담

인간세, 문자 그대로 사람이 사는 세상을 의미하는 이 편은 우리의 삶과 가장 밀접한 관계가 있는 부분이다.

함께 살면서 어떻게 살아야 마음 편히 사는가를 밝혀 주려는 것이 곧 「인간세」 편이다. 속세를 피해 홀로 사는 일은 쉽다. 오히려 함께 더불어 살면서도 마음 편히 사는 일이 더 어렵다(윤재근, 2013, p. 45).

다양한 문제가 존재하는 우리의 생활 세계에서 「인간세」 편이야말로 우리 모두에게 상담이 필요한 이유이자 우리가 상담학을 연구하고 배우는 이유다. 상담은 청담자가 생활 세계에서 경험하는 외부의 문제 상황으로부터 속박되지 않는 자유로운 내면의 경지에 이르도록 돕는다. 어떤 것에도 구속되지 않는 자유로운 내면의 경지로서 편안한 마음을 지녔을 때, 청담자는 상담자의 도움 혹은 스스로의 힘[자기상담(自己相談)적 측면에서]으로 바람직한 성장을 경험할 수 있다.

장자는 이를 위해 허심(虛心)과 허심에 이르는 공부이자 수양법으로 심재(心齋)를 강조한다.

허심은 마음을 비움으로써 도를 모이게 하여 사람과 사물과 사태를 있는 그대로 받아들이는 것을 의미한다. 허심이 되지 못한 마음, 곧 성심은 자기 생각에 부합하는 내용만 골라서 듣는 것이다. 무릇 도는 이처럼 마음이 비어 있을 때만 모이니, 마음을 비우는 것, 곧 허심에 이르는 공부가 바로 심재다(정용선, 2012, pp. 196-197).

마음을 비우고 정신을 가다듬으면서 차분하고 깊이 생각할 때 올바른 사고와 판단을 할 수 있다. 「인간세」 편에서 설명하는 생활에서 경험하는 문제를 해결하여 마음 편히 사는 법과 관련하여 허심과 심재의 의미는 상담이 추구하는 목표와도 관련이 깊다.

5. 덕충부와 상담

인간은 모두가 불완전한 존재다. 사실 아무리 잘난 사람이더라도 단점이 있기 마련이고 실수를 하며 살아가는 것은 당연하다. 하지만 연일 온갖 매체를 통해 언급되는 뛰어난 성현, 성공한 사업가, 우수한 능력의 소유자 등 유명 인사의 일상을 접하다 보면 이와 같은 존재가 아닌 평범한 우리에겐 오히려 실망과 좌절, 불만과 스트레스만 더욱 가중되고 있는 것이 오늘날의 현실이다.

본편의 요지는 육체의 장애 등을 극복하는 내면의 힘을 강조한다. 따라서 여기서는 정신이 완전히 활성화되어 있는 신체 장애인이 등장한다. 완전한 생기가 정신에 충만하면 육체의 문제점을 넘어서서 안팎이 하나가 되는데 그것이 바로 덕충부의 의미다(안희진 옮김, 2013, p. 78).

장자는 이 편에서 겉으로 보기에는 불완전해도 마음속에는 덕을 풍성히 갖춘 인물들을 차례차례 소개하며 우리, 즉 청담자에게 불안함을 넘어선 마음의 평안을 강조하고 있다. 이를 통해 중요한 것은 몸이 아니라 마음이고 외부의 문제 역시 아닌 내면의 문제임을 알도록 돕는다. 상담은 청담자의 외부 환경을 바꾸기보다는 외부 문제 상황을 받아들이는 내면의 인식, 사고방식을 변화시킨다는 점에서 「덕충부」 편은 하나의 상담과정이라고 볼 수 있다.

또한 이처럼 상담과정으로서 「덕충부」를 해석한다면, 상담을 통해 변화된 청담자의 모습 역시 「덕충부」를 통해 확인할 수 있다.

'덕이 마음에 가득 찼음을 나타내는 신표'라는 뜻의 덕충부는 곧 '도가 깃든 개별자들의 마음', 달리 말해 '존재의 실상을 회복한 개별자들의 마음'이란 어떤 것인가를 보여 주는 이야기들이라 할 수 있다(정용선, 2012, p. 248).

'존재의 실상을 회복한 개별자들의 마음'이란, 즉 상담을 통해 바람직한 성장을 하게 된 청담자로 생각할 수 있다. 그렇다면 존재의 실상을 회복한 개별자들의 마음, 즉 상담을 통해 변화된 청담자의 모습은 「덕충부」 편에서 어떻게 그려지고 있는지 확인해 보자.

노나라에 발 하나가 잘린 왕태라는 자가 있었는데, 그를 좇아 노니는 자들의 수가 중니의 제자들만큼이나 되었다. …… 상계가 그의 스승인 중니에게 다음과 같이 물었다. "왕태는 발이 잘린 사람인데도 그를 좇아 노니는 자들이 선생님을 따르는 자들과 더불어 노나라를 반분하고 있습니다. 그는 서서 가르치지도 않고 앉아서 의논하지도 않는데, 사람들은 텅 비어서 찾아갔다가 가득 차서 돌아옵니다. 이 사람은 어떤 자입니까?" …… 사람들은 그를 보고 스스로 무언가를 가득 얻어 간다. 대체 무슨 일이 일어난 것일까? 이는 왕태의 거울 같은 마음이 행하는 작용과 관련된다. 사람들은 왕태를 보면서, 마치 거울을 보듯이 자신의 모습을 본다. 거울은 있는 그대로 비출 뿐 칭찬하거나 무시하거나 차별하지 않으며, 왜곡하거나 과장하지도 않는다. 그저 있는 그대로의 모습을 고스란히 받아들이고 인정하며 비춘다(정용선, 2012, pp. 250-252).

이 대화에 등장하는 왕태라는 인물은 바로 변화된 청담자의 모습이다. 왕태는 발 하나가 잘린 자신의 형편과 처지이자 단점은 전혀 개의치 않고 있다. 왕태는 거울 같은 마음의 소유자로 외적인 요소에 영향을 받지 않아 시비와 차별을 하지 않는 도의 경지에서 편안한 삶의 모습을 보이고 있기 때문이다.

청담자 역시 상담과정을 통해 자신의 문제 상황 및 외적 요소를 내면의 변화, 인식의 전환을 통해 극복하는 성장을 이루어 나감으로써 더 이상 외적인 상황에 구속받지 않는 주체적인 삶을 살아갈 수 있다.

6. 대종사와 상담

대종사란 한자를 풀이하면 '가장 높은 스승'이라는 뜻으로, 도가의 이상적 인간상으로 그려지는 지인(至人), 신인(神人), 진인(眞人), 성인(聖人)이 이에 해당된다. 또한 '크게 높여야 할 참된 스승'이라는 뜻으로 '도'(김학주 옮김, 2013)를 말하기도 하며, 우리가 스승으로 삼을 만한 어떤 실제 인물을 지칭하기보다 거울처럼 만물을 있는 그대로 비추는 허심의 작용을 의인화한 것(정용선, 2012)으로 보기도 한다.

상담을 위해서 그리고 청담자의 바람직한 성장을 위해서 상담자는 청담자를 도울 수 있는 위치에 있어야 한다. 청담자가 외적인 행동수정을 필요로 한다면 솔선수범의 모습이 상담자에게 있어야 하며, 청담자가 타인과의 소통 방식에 문제가 있다면 다양한 소통 방식을 통해 청담자가 이에 대한 인식을 전환할 수 있도록 하는 등의 자질을 상담자는 가지고 있어야 한다.

이와 같은 점에서 「대종사」 편에 등장하는 스승들에서는 상담자의 삶의 모습 세 가지를 엿볼 수 있다.

그와 같은 자는 그 마음이 뜻하는 대로 따른다. 그 얼굴이 고요하며, 그 이마가 반듯하다. 서늘할 때는 가을 같고, 따뜻할 때는 봄 같다. 기뻐하고 성내는 것이 사시에 통하고, 다른 존재들과 알맞게 접하여 그 끝닿는 데를 알지 못한다. …… 진인은 '나'라는 의식을 가지고 있지 않다. 그런 의미에서 진인은 물과 같다. 물은 자기 고유의 모양을 가지고 있지 않다. 그래서 언제나 상대에 맞춘다. 네모 통에 들어가면 네모가 되고, 세모 통에 들어가면 세모가 된다. 진인의 삶도 이와 같다. 보통 사람들은 어느 정도까지는 남을 이해하다가도 극한 상황이 되면 남을 이해하지 못한다. 그러나 진인은 모든 사람을 다 이해하므로 그 끝을 알 수 없다(이기동 역해, 2008, pp. 298-299).

첫째, 상담자는 '진인은 그 마음이 뜻하는 대로 따른다.'처럼 외부의 요소에 일체 구속되지 않는 내면의 상태로 마음의 건강함을 지니고 있어야 한다. 상담자가 건강한 마음의 소유자인 진인과 같이 소요유의 삶을 즐길 수 있을 때 소요유의 삶을 살기를 원하는 청담자를 도울 수 있다. 둘째, '언제나 상대에 맞춘다.'와 '극한 상황에 이르더라도 모든 사람을 다 이해하는 진인'의 모습은 공감과 수용, 진정성을 가지고 상담에 참여하는 상담자의 모습임을 알 수 있다.

상담자로서 지인의 모습을 좀 더 알아보기 위해 『장자(莊子)』의 「응제왕」 편을 펼치면 다음과 같은 문장을 확인할 수 있다.

至人之用心若鏡, 不將不迎, 應而不藏, 故能勝物而不傷
지인지용심약경, 부장불영, 응이부장, 고능승물이불상

이 문장은 '지인의 마음 씀씀이는 거울과도 같다. 삼라만상을 거절하지도 않고 영합하지도 않으니까. 사심 없이 있는 그대로를 비추어 줄 따름이므로 삼라만상을 초월하여 상처받는 일이 없다.'로 해석할 수 있다(이인호, 2007). 이 문장의 핵심은 '지극한 경지에 오른 사람인 지인은 반응하되 감추지 않아 있는 그대로를 비춘다.'에 있다. 도가에서 말하는 지인의 모습은 상담학적 관점에서 바라보면 상담자가 지향해야 하는 모습과 같다. 따라서 셋째, 상담자는 청담자를 향한 편견이나 고정관념을 버리고 청담자의 '있는 모습 그대로'를 바라보아야 한다.

이처럼 「대종사」편에 등장하는 지인은 곧 상담자의 모습이라 할 수 있다.

7. 응제왕과 상담

「응제왕」편은, "자기의 마음조차도 잊고 자연의 변화에 모든 것을 맡기고 있으면 그러한 수양에 응하여 제왕이 될 수 있다."(김학주 옮김, 2013)는 뜻과 함께 "참다운 제왕은 자기가 남을 다스리겠다는 의식이 없는 사람"(이기동 역해, 2008)임을 설명하고 있다. 즉, '마음'을 잊고 '의식'이 없는 것을 핵심으로 삼고 있는 이것은 장자의 무위(無爲)와 허심의 개념과 관련이 있다.

무위란 아무것도 하지 않고 엎드려 있다는 뜻이 아니다. 허심은 만물에 대한 절대적 잣대를 모두 해체했기 때문에, 무언가를 해야 한다거나 하지 말아야 한다는 당위를 지니지 않는다. 그저 자연의 무목적인 존재 과정을 있는 그대로 수용할 뿐이다. 그러나 거꾸로 무언가를 해야 한다거나 하지 말아야 한다는 당위가 없기 때문에, 그 무엇이든 자유롭게 행하고 받아들일 수 있다. …… 바로 이 '아무것도 걸림이 없는 마음' 또는 '아무것도 하지 못할 바가 없는 자유로운 마음'을 장자는 무소불위의 권력을 휘두르는 제왕과 같은 자유로운 마음으로 형상화한다(정용선, 2012, pp. 384-385).

즉, 청담자는 물론 상담자와 우리 모두는 우리의 삶에서 응제왕이 되어야 한다. 다시 말해, 내 마음속의 주인은 바로 '나'가 되어야 한다는 것이다. 모든 구별과 차별, 비교의 인위(人爲)에서 벗어나 가능성이자 잠재력인 도를 추구하며 경험하는 허심과 무위를 통해 우리는 우리 인생의 주인으로 '응제왕'해야 한다. 자신의 인생에서 주인으로 살아가도록 하는 것은 청담자에게 그리고 상담에서 매우 의미가 있다. 상담을 통해 청담자 자신이 주체적이고도 자율적인 삶을 살도록 돕는 것, 그것이 바로 '응제왕'이다.

6

장자 상담의 특징

1. 우화로 소통 · 상담하기

상담이 인격적 만남을 통해 바람직한 변화를 돕는 과정(박성희, 2007b)이라면 상담관계를 형성하는 상담자와 청담자에는 남녀노소가 따로 없다. 하지만 청담자는 물론 상담자가 가지고 있는 배경지식의 정도, 현재 처한 문제 상황, 삶의 직간접 경험, 성숙도 등을 고려할 때 청담자를 향한 상담자의 개별적이고도 맞춤식의 접근 방법은 매우 조심스럽고도 까다로운 문제다.

그러나 장자는 이와 같은 문제를 아주 간단하게 해결하고 있다. 장자는 청담자의 바람직한 변화를 위해 청담자의 질문이나 문제 상황에 대한 구구절절한 설명 형식이 아닌 우화(寓話)로써 청담자의 바람직한 변화를 돕고 있다.

우화가 가진 상담학적 장점은 다음과 같다.

첫째, 상담자의 과도한 개입 혹은 해결 방법과 관련한 일방적 주입을 미연에 방지할 수 있다. 상담자는 상담과정에서 청담자의 상황을 자의적으로 판단하거나 빠르게 다른 일반적인 상담 부류에 끼워 맞추는 실수를 범할 수 있다. 이와 더불어 청담자가 문제 상황을 돌아보고 되뇌며 스스로 반성하고 성장할 수 있는 기회를 뺏는 과도한 개입 역시 상담자가 경계해야 할 부분이다.

하지만 우화는 청담자에게 전해 주면 그만이다. 다시 말해, 진정성을 지닌 상담자가 깊은 공감과 수용의 자세로 청담자의 상황을 직시하였다면, 청담자의 상황에 적절한 우화를 제공한 후의 몫은 청담자의 것이다. 이 '전해 준 우화'는 문제 상황에 있는 청담자에게 해결을 위한 화두가 될 수도 있고, 명상을 이끄는 요인이 될 수도 있는 신비한 매력물이 된다. 즉, 화두가 되어 청담자의 자율적 변화와 성장을 유발할 수도 있고 명상을 유도해 내면의 본모습을 회복하게 할 수도 있는 원동력이 바로 우화인 것이다.

둘째, 우화는 상담과정에서 청담자의 자율성을 최대한 보장하는 맞춤형 개별 상담 전략이다. 오늘날의 상담이론의 추세가 청담자의 개별적인 특성과 생활 습관, 과거 경험에 맞는 처방이나 상담방법을 추구하는 것이지만, 모두에게 개별적 적용이 가능한 상담방법이나 원리는 사실상 존재하지 않는다.

그러나 우화는 청담자의 문제 해결과정 그리고 바람직한 변화를 돕는 과정에서 자율성을 훼손하지 않고 청담자를 상담 과정에서 주인공으로 극대화하는 맞춤형 전략이라 할 수 있다. 우화가 가지고 있는 '읽는 자(청담자)의 참여를 통한 해석과 적용'은 상담자가 주가 되는 것이 아니며, 청담자 스스로가 문제 상황을 바르게 바라보고 판단하며 이해하도록 만드는 역할을 담당

할 수 있다. 즉, 우화는 청담자의 자생(自生)적인 회복 능력을 돕는 조력자의 역할이 가능하다. 상담자 장자가 직접 무엇을 주장하며 가르치려고 하지 않는 것도 이와 같은 우화가 지닌 장점 때문이라 생각한다.

우화를 통해 나름대로의 체험을 하면 마음이 편안하고 커지는 즐거움을 맛볼 수 있기 때문이다(윤재근, 2013, p. 51).

이처럼 장자가 우화를 통해 청담자에게 진정으로 무엇을 말하고자 하는지는 독자인 청담자가 나름대로 풀어야한다. 때로는 『장자(莊子)』에 등장하는 우화의 등장인물과 줄거리가 우리의 기존 사고방식으로 이해하기에 너무나 낯설고 당황스러울 때도 있다. 하지만 오히려 이러한 낯설음과 엉뚱함이 청담자 스스로 문제를 바라보게 하는 것에는 긍정적으로 작용할 수 있다. 몇 번이나 마음과 머릿속으로 우화와 자신의 현 상황을 교차하며 곱씹어 보는 과정에서 청담자는 타인의 도움이 아니라 자신만의 생각으로 성장하는 경험을 하게 되는 것은 당연하다.

'열 길 물속은 알아도 한 길 사람 속은 모른다.'고 한다. 각각의 청담자 모두가 서로 다른 배경과 경험 지식을 가지고 살아왔음을 고려한다면 우화로 넌지시 청담자에게 접근하는 방법은 가장 자율적이고도 개별적인 맞춤형 상담 전략이라 할 수 있다.

도가(道家)에서는 본성에 따라 사는 것을 '무위(無爲)'라고 하며 장자 역시 이러한 삶을 중시하고 있다. 청담자의 본성에 따라 살 수 있도록 자율성을 부여해 주는 것 또한 상담자의 역할인 점을 떠올린다면, 우화는 뛰어난 상담 전략이자 방법이다.

셋째, 우화는 청담자 자신의 내면을 바라보게 하는 장점이 있다. 상담에서 가장 중요한 것이자 궁극적인 목표는 바로 '청담자의 바람직한 성장'이다. 이 '성장'은 상담이 종료되는 순간 완료되는 것이 아니며, 앞으로 펼쳐질 청담자의 인생에서 끝없이 현재진행형으로 유지되어야 한다. 이것은 청담자의 사고와 마음가짐이라 할 수 있는 내면이 건강해야 가능함을 의미한다. 자신의 내면을 바르게 바라보고 외부의 요인과 영향으로부터 벗어나 자유로울 때 청담자는 문제 상황을 바르게 진단하고 판단하여 스스로 결정할 수 있다.

상담과정에서 청담자는 자신이 경험하는 문제 상황의 원인을 외부에서 찾거나 문제 해결을 위한 방법을 타인의 도움으로 찾아보는 실수를 간혹 범하기도 한다. 하지만 이러한 실수는 만남의 과정, 성장의 과정인 상담관계 속에서 어느 순간 청담자를 타율적이고 수동적으로 만든다.

반면에 우화는 생각하는 방식도 과정도 해석도 모두 스스로의 힘으로 이루어지며, 발견하는 해답에 따른 해결과 실천 또한 청담자의 내면의 힘을 바탕으로 이루어진다. 애초부터 정확한 해석과 의미를 요구하지 않는 것이 우화이기 때문에 우화는 문제를 해결하는 공식처럼 정형화된 적용 패턴이라는 것이 없다. 따라서 앞서 언급하였듯이, '나름대로 체험하는' 우화가 가지고 있는 핵심 개념만이 더욱 중요해질 뿐이다.

우화는 청담자가 부담 없이 마음에 자유(自由)함을 가지고 자신에게 다가오는 의미를 곱씹어 봄으로써 문제 상황에 대한 이해와 해결을 가능하게 한다. 즉, 청담자 내면에 작용하여 자신의 상황에 적합한 깨달음과 결론에 다가설 수 있도록 조력하는 것이 바로 우화다.

넷째, 상담자는 우화를 통해 따끔한 충고도 가능하다. 때로는 상담과정에서 쓴소리가 필요할 때가 있다. 하지만 이것은 자칫 잘못하면 이제껏 쌓아 온 청담자와의 라포(rapport)를 무너뜨릴 수도 있어 조심스럽다. 청담자 스스로의 내적인 힘에 의해서 변화와 성장을 추구하는 인간중심주의적 상담을 지향한다면, 상담자에 의한 주입 및 훈계조의 상담을 지양하고자 한다면, 우화의 필요성과 그 중요성을 기억해 둘 필요가 있다. 다음 『장자(莊子)』의 「외물(外物)」 편에 등장하는 우화를 살펴보자.

집이 가난한 장주는 감하후에게 식량을 빌리러 갔다. 감하후가 말했다. "좋소, 머지않아 백성에게 세금을 거둬들일 것이니, 그때 3백금을 빌려 드리겠소. 그러면 되겠소?" 장주가 정색을 하고 말했다. "어제 이리로 오는 도중에 저를 부르는 자가 있었습니다. 뒤돌아보니 수레바퀴가 지나가 움푹 파인 곳에 붕어가 있더군요. 제가 붕어에게 물었습니다. '붕어야! 무슨 일로 그러하느냐?' 그러자 붕어가 대답했지요. '저는 동해의 수관인데, 약간의 물만 부어 주신다면, 나를 살리실 수 있을 것입니다.' 그래서 제가 말했습니다. '좋다. 내가 지금 오월땅에 가는 길인데, 서강의 물을 끌어다가 너를 구해 주겠다. 그러면 되겠느냐?' 그러자 붕어가 얼굴을 찡그리며 말했습니다. '나는 지금 물을 잃어 내 몸을 담을 곳조차 없소. 그저 한 말의 물만 있으면 목숨을 구할 수 있는데 당신이 그렇게 말씀하시니, 차라리 건어물 파는 가게에서 나를 찾는 편이 나을 것이오.'"(완샤 풀어씀, 심규호 옮김, 2011, p. 211)

이처럼 뼈 있는 한마디를 통해 따끔한 충고와 훈계가 가능하고 청담자는 이에 화를 내기는커녕 멋쩍은 웃음을 지을 수 있는 것이 바로 우화다. 또한 우화는 상담자가 다양한 상담 장면에서 그 활용의 폭을 자유로이 넓게 할 수 있고 청담자도 해석의 폭을 넓게 할 수 있으므로 시비를 피할 수도 있다. 심지어 『장자(莊子)』에 공자를 비판하는 내용의 우화가 있다는 점만 보아도 이러한 사실들은 쉽게 고개가 끄덕여진다.

우화는 상담학적인 시각으로 바라볼 때 매력적인 소통 방식이자 상담 전략이다. 읽는 이에 따라 제각각의 해석의 여지가 있는 우화를 통해 청담자가 각자 자신이 속한 환경과 상황을 재해석하여 마음의 깨달음을 얻을 수 있으면 그만이다.

장자가 상담과정에서 주로 사용하는 설명 방식인 우화는 기존의 상담자에게서는 찾아볼 수 없는 독특함이 있다. 동양의 미술작품에서 빼놓을 수 없는 아름다움은 바로 여백의 미(美)를 가지고 있기 때문인데, 이러한 여백의 미를 상담학에 옮겨 놓는다면 바로 장자의 상담이 아닐까 생각한다. 세세하게 설명하고 따뜻한 말로 격려하는 방법이 아니라 청담자에게 그야말로 살짝 이야기를 들려주면서 은근슬쩍 보여 주고 마는, 어떻게 보면 상담자로서 불성실하기도 하고 상담과정으로 불충분하기도 한 것이 장자의 우화다. 이러한 장자

〈표 6-1〉 우화로 소통·상담하기의 장점과 효과

	장점	효과
우화로 소통·상담하기	과도한 개입, 일방적 주입 방지	우화를 통해 화두 제시 혹은 명상을 이끔
	맞춤형 개별 상담전략	청담자 스스로 문제를 해결 가능
	내면에 관심을 갖도록 함	마음의 자유함, 내면의 건강
	따끔한 충고도 가능	라포에 부정적 영향 없음
장자의 우화를 활용한 상담은 상담에 있어 매력적인 소통방식이자 상담전략		

의 우화를 활용한 상담이야말로 사실은 청담자의 개별
성과 고유성을 인정하며 청담자의 바람직한 성장과정
에서 가장 중요한 자율성을 기르고 회복시키는 최고의
상담이라 할 수 있다.

2. 변화와 성장의 상담

『장자(莊子)』의 내편(內篇) 중 제1편인 「소요유(逍遙遊)」는 거대한 물고기인 곤(鯤)이 거대한 새인 붕(鵬)으로 변화하여 목적지를 향한 여행을 떠나는 이야기로 시작한다.

북쪽 바다에 물고기가 있다. 그 이름을 곤(鯤)이라고 한다. 곤의 크기는 몇 천 리가 되는지 알 수가 없다. 이 물고기가 둔갑을 해서 새가 되면 그 이름을 붕(鵬)이라 한다. 붕의 등은 넓이가 몇 천 리가 되는지 알 수 없다. 힘차게 날아오르면 그 날개가 하늘에 드리운 구름 같다. 이 새는 바다가 요동하면 남쪽 바다로 옮겨 간다. 남쪽 바다는 하늘 못이다. 제해라는 것은 괴이한 것을 기록한 것이다. 해의 말에 이르기를, "붕새가 남쪽으로 옮겨 갈 때는 물결치는 것이 삼천리나 되며, 회오리 바람을 치고 올라가는 것이 구만리나 된다. 그리고 한 번에 여섯 달을 날아가서 쉰다."고 했다(이기동 역해, 2008, p. 42).

이처럼 「소요유」편에는 커다란 물고기인 곤이, 다시 거대한 몸집을 지닌 대붕(大鵬)으로 변화하여 높은 하늘로 올라가 진정한 자유를 얻어 소요유하는 모습을 보여 주는 이야기가 있다. 이 우화에서 물고기 곤이 붕으로 변신하는 것을 우리의 인생에서의 변화로 바라본다면, 낡은 허물을 벗고 새로운 존재로 다시 탄생하는 성장의 과정과 모습에 비교할 수 있다. 변화 후의 붕의 모습에서는 작은 물고기의 모습은 사라지고 당당함과 함께 힘이 느껴지는 주체적 모습과 남쪽 바다로 표현되는 자신의 꿈 혹은 목적지를 향해 전력으로 날아가는 능동적 자율성이 나타난다.

『장자(莊子)』의 주된 흐름이자 사상은 '화(化)'다. 다시 말해, 장자는 변화의 철학을 강조하고 있다. 이와 더불어 상담학 역시 변화의 학문이다. 바람직한 성장을 돕는 과정(박성희, 2007b)이라는 상담의 정의처럼 상담은 성장과정에서 인간의 변화, 청담자의 변화에 관심을 가지고 있다. 장자 역시 다양한 우화를 통해 우리에게 현재 상황에 얽매여 있지 말고 세속적인 외부의 시선과 자극을 초월하는 '변화' 그리고 이를 넘어선 '성장'을 할 것을 격려하고 있다. 장자는 청담자를 향한 성장의 학문이자 상담가임과 동시에 상담학과 장자는 청담자를 변화·성장시키고자 하는 공통점이 있다.

자유롭기 이를 데 없고 멋대로 하면서 변화가 쉬지 않는 도의 경지에서 자네가 노닐겠는가?(윤재근, 2013, p. 87)

이 글을 통해 장자가 최고로 여기는 도(道)의 경지에서 소요유와 함께 변화의 중요성을 강조하는 장자의 생각을 확인할 수 있다.

장자와 상담(相談), 이 두 가지의 핵심은 모두 청담자의 주체적이고 자율적인 삶을 여유롭게 즐기며 누릴 수 있도록 하는 '변화'에 있다.

3. 생활 속 눈높이 상담

『장자(莊子)』를 통해 우리는 바람직한 상담자의 모습을 떠올릴 수 있다. 듣는 이의 수준은 전혀 고려하지 않은 채 어려운 이야기만 잔뜩 늘어 놓는 강의형, 모든 사람에게 똑같이 반복되는 설교형, 죄인인 것 마냥 윽박지르는 훈계형 등은 모두 장자가 추구하는 상담자의 모습과는 거리가 멀다.

우화(寓話)란 것은 할아버지-할머니와 손자-손녀 사이에서 정말 제 맛이 나게 마련이다. 할아버지 무릎에 앉아 할아버지의 능청스러운 이야기를 정성껏 들어주는 손자나 손녀를 상상해 보라. 성현은 본래 철인(哲人)이 아니라 모든 사람에게 할아버지 같은 노릇을 한다는 생각이다. 주자나 칸트 같은 이들은 철인이지 성현은 아니다. 성현은 어려운 말을 일삼지 않고, 어려운 것을 쉽게 이야기해 주고자 정성을 다하는 선생일 뿐 철인이 아니다(윤재근, 2013, pp. 6-7).

상담과정에서 바람직한 상담자의 모습은 장자를 통해 알 수 있다. 첫째, 장자는 책이 아니라 삶 속에서 청담자에게 도움을 주고자 한다. 그래서 『장자(莊子)』의 텍스트는 우리의 일상과 삶을 배경으로 하고 있다. 둘째, 장자는 현실과 동떨어진 어려운 이야기를 강의하는 철학자가 아니라 청담자의 삶 속에서 쉽게 설명하는 상담자다. 앞서 밝혔듯이, 장자는 우화를 사용하여 마음(인식)의 문제와 관련된 어려운 내용을 쉽게 설명하고자 한다. 상담자의 조언이 도움이 되는 유익한 내용일지라도 청담자에게 어렵게 느껴진다면 이미 청담자의 귀는 닫히고 변화와 성장을 위한 마음문은 굳게 닫힌 채로 열리지 않을 것임은 당연한 이치다.

4. 서로가 상담자이자 청담자인 상담

'나'는 자연과 구분되는 별개의 독립적인 존재가 아니라 자연의 연속적 관계망 속에서 상호작용하며 유전(流轉)

하는 존재라는 사실을 자각하고, 그리하여 굳이 분리되고
고정된 '나'라는 의식을 내세우지 않는 것이다(정용선,
2012, p. 35).

장자 사상의 핵심은 바로 우리 모두가 고정된 독립
적인 존재가 아니라 자연의 연속적 관계망 속에서 상
호작용하는 존재라는 점이다. 인간이 사회적 존재임을
굳이 설명하지 않더라도, 우리는 우리가 생활 가운데
경험하는 인간관계를 보면 얼마나 서로가 밀접하게 연
계되어 있는지 쉽게 수긍할 수 있다.

이러한 연속적 관계망에서는 삶의 매 순간에 만남이
이루어지고, 그 만남 속에서 서로가 서로에게 어떤 식
으로든 영향을 미치게 된다. 한 개인이 만남을 통해 상
대방과 긍정적인 관계를 형성하고 상대방의 바람직한
성장을 돕는다면, 그 개인은 상대방에게 상담자로서의
역할을 하고 있는 것이다. 마찬가지로 서로의 바람직
한 성장을 방해하는 부정적 관계라면, 서로에게 상담
자의 역할을 할 수 있도록 관계의 설정을 다시 할 필요

가 있다.

다시 말해, '연속적인 관계망'의 의미는 고정된 개별 존재가 아닌 하나의 유기체로 각자가 영향을 주고받는 존재임을 뜻한다. 이와 같은 점에서 장자의 상담은 청담자와 상담자로 고정된 만남과 관계로 이루어지는 것이 아니라 서로가 상대에게 상담자의 역할로서 상호작용을 주고받으며 변화·성장할 수 있음을 의미한다.

여기서 한 가지 흥미로운 것은 '함께 이어져 있다'는 뜻의 '접여(接輿)'라는 이름이다. '함께 이어져 있다'는 것은 '존재의 연속된 관계망'을 연상시키는데, 그런 점에서 접여는 장자를 대변하는 인물이라고 볼 수 있다(정용선, 2012, p. 40).

이처럼 자연의 연속적인 관계망과 그 안에서의 만남 그리고 서로 간의 상호작용을 강조한 장자는 상담자로서 충분하고도 남을 식견과 안목을 보여 준다. 또한 장자의 도는 존재하지 않는 곳이 없다는 점, 만물 모두가 도를 지니고 있다는 점 역시 우리 모두가 서로에게 상담자인 이유라 할 수 있다.

5. 물아일체의 상담

『장자(莊子)』의 「제물론(齊物論)」에는 장자의 유명한 우화 중 하나인 호접몽(胡蝶夢) 이야기가 등장한다.

> 昔者莊周夢爲胡蝶, 栩栩然胡蝶也. 自喩適志與. 不知周也.
> 俄然覺, 則蘧蘧然周也. 不知周之夢爲胡蝶與, 胡蝶之夢爲周與.
> 周與胡蝶, 則必有分矣. 此之謂物化.
> 석자장주몽위호접, 허허연호접야. 자유적지여. 부지주야.
> 아연교, 즉거거연주야. 부지주지몽위호접여, 호접지몽위주여.
> 주여호접, 즉필유분의. 차지위물화.
>
> (장자 지음, 이강수, 이권 옮김, 2013, p. 164)

옛날에 장주가 꿈에 나비가 된 적이 있었다. 훨훨 날아 다니는 나비가 되어 스스로 기분 좋게 느낀 나머지 장주는 자기 자신인지를 몰랐다. 갑자기 깨어 보니 놀랍게도 장주 자신이었다. 장주가 꿈꾸어 나비가 되었는지 아니면 나비가 꿈꾸어 장주가 되었는지 모르겠다. 장주와 나비는 반드시 구분이 있을 것이니, 이를 일러 물화(物化)라고 한다(장자 지음, 이강수, 이권 옮김, 2013, p. 165).

이 호접몽 우화는 장자가 나비인 꿈을 꾼 것이면서 동시에 나비가 장자를 꿈꾼 상황을 묘사하고 있다. 주체인 장자가 객체인 나비가 되어 꿈을 꾸고, 객체인 나비가 주체인 장자가 되어 꿈을 꾸는 상황은(사실 주체와 객체를 구분하지 않는 장자의 사상에서는 구분이 불필요하다) 주체와 객체가 구분 없이 서로를 함께 고려한다는 점에서 상담학적 의미를 엿볼 수 있다.

주체인 '자신'과 객체인 '타인'을 함께 고려하는 것, 즉 상담자인 자신과 청담자인 상대방의 생각을 함께 고려하는 것은 상담과정에서 가장 중요한 장면이 무엇인지 떠올리게 한다. 즉, 상담을 진행하는 가운데 내가 상담을 하고 있는 상담자인지 아니면 도움을 받고 있는 청담자인지 모를 정도의 상태가 곧 이상적인 상담 과정의 모습이다.

장자가 호접몽(胡蝶夢)에서 강조하고 있는 것은 물화(物化)의 사상이다. 세속의 잡념을 버리고 정신을 한 곳에 모아 외물과 자아의 구분을 잊어버린 물아일체의 상태가 바로 물화다(완샤 풀어씀, 심규호 옮김, 2011, p. 97).

상담자가 청담자의 바람직한 변화를 돕는 과정에 깊이 녹아들어 누가 상담자이고 청담자인지 모를 정도의 몰입과 일체감을 이끌어 내는 것의 중요성은 장자의 호접몽이 상담학에 던지는 또 하나의 메시지다.

6. 즉시적 상담(해결중심적 상담)

莊周家貧, 故往貸粟於監河侯

장주가빈, 고왕대속어감하후

(『장자(莊子)』 「외물(外物)」, 이인호, 2007, p. 13)

집이 가난한 장주는 감하후에게 식량을 빌리러 갔다. 감하후가 말했다. "좋소, 머지않아 백성에게 세금을 거둬들일 것이니, 그때 3백금을 빌려 드리겠소. 그러면 되겠소?" 장주가 정색을 하고 말했다. "어제 이리로 오는 도중에 저를 부르는 자가 있었습니다. 뒤돌아보니 수레바퀴가 지나가 움푹 파인 곳에 붕어가 있더군요. 제가 붕어에게 물었습니다. '붕어야! 무슨 일로 그러하느냐?' 그러자 붕어가 대답했지요. '저는 동해의 수관인데, 약간의 물만 부어 주신다면, 나를 살리실 수 있을 것입니다.' 그래서 제가 말했습니다. '좋다. 내가 지금 오월 땅에 가는 길인데, 서강의 물을 끌어다가 너를 구해 주겠다. 그러면 되겠느냐?' 그러자 붕어가 얼굴을 찡그리며 말했습니다. '나는 지금 물을 잃어 내 몸을 담을 곳조차 없소. 그저 한 말의 물만 있으면 목숨을 구할 수 있는데 당신이 그렇게 말씀하시니, 차라리 건어물 파는 가게에서 나를 찾는 편이 나을 것이오.'"(완샤 풀어씀, 심규호 옮김, 2011, p. 211)

오랜 시간에 걸쳐 천천히 상담관계를 두텁게 하며 청담자의 변화를 돕는 뚝배기 같은 상담이 있다면, 반면에 패스트푸드처럼 즉각적이고도 실질적인 변화를 이끌어 내는 상담이 있기 마련이다. 지금 당장의 문제 상황에서 벗어나기를 희망하는 청담자에겐 아무리 좋은 이야기이더라도 '지금 당장'이 아니면 아무런 쓸모가 없다.

특히 자신의 행동과 주변 상황을 되돌아보고 음미해 볼 수 있는 안목과 판단 능력을 지닌 일반 성인보다는 문제 상황과 관련한 복합적인 사고에 어려움을 느끼는 청소년에게 즉시적 상담은 매우 필요하다. 따라서 극단적인 선택이나 섣부른 결정을 내릴 수 있는 청소년을 지도하고 보호하는 부모와 교사가 가져야 할 상담 태도는 바로 즉시성과 함께 해결중심적 상담 태도다.

청담자는 상황과 증상에 따라 즉각적인 조치를 필요로 한다. 즉시성의 중요성을 고려하면 모든 청담자에게 단계적인 해결을 위한 상담 절차를 밟아 나가야 하는 것인가는 생각해 볼 일이다. 즉시성이 요구되는 청담자에게 해결중심적 상담이 아닌 뜬구름 잡기식의 상담은 아무런 도움이 되지 않는다. 분명하고 명쾌한 조언이 즉시적으로 제시되지 않는 상담은 청담자의 마음의 문을 닫게 할 수 있다는 점을 염두에 두어야 한다.

개개인 모두는 서로 다른 인격적 존재이며 삶의 환경이 다르기 때문에 즉시적인 상담이 필요한 경우, 때때로 상담은 즉시적이고 해결 중심적이어야 한다. 장자는 「외물」 편을 통해 우리에게 청담자가 문제 상황에서 체감할 수 있는 즉시적 도움의 중요성을 강조한다.

7. 지인, 상담의 최종 목표

우리 삶의 주인은 우리, 바로 '나' 자신이 되어야 한다. 하지만 오늘날의 대부분의 사람은 자신을 잃어버리고 살고 있다. 경쟁사회, 물질만능주의 사회에서 때로는 자신을 부정하기도 하고, 자신의 성향과는 다른 행동과 선택을 하기도 하며, 억지 웃음과 가짜 눈물을 흘리는 우리의 모습에선 저마다의 '자신(自身)'을 찾을 수 없다. 즉, 오늘날 현대인은 자율성과 주체성이 사라진 채 수동적인 모습으로 변모하고 있다.

가치가 전도되고 주객이 전도된 이 세상에서, 청담자들의 삶에는 구별과 차별이 있을 뿐이다. '나'와 '너', '좋은 것'과 '나쁜 것', '가치가 있는 것'과 '없는 것', '우리'와 우리가 아닌 '너희'와 같은 구별은 우리에게 타인을 늘 의식하게 만든다. 이러한 편 가르기는 차별을 불러일으키고, 자율성과 주체성을 상실하게 된 청담자 자신은 타인의 존재와 고유성 역시 부정

함으로써 서로 간의 소통을 단절시키기도 한다.

이렇듯 개인주의의 팽창과 유대관계의 약화로 타인과의 소통이 부재하고 만남의 기회마저도 줄어드는 오늘날의 세상에서 도가의 이상적인 인간상인 '지인(至人)'과 상담을 통해 변화된 '청담자'는 서로 일맥상통한다.

도가에서 말하는 가장 이상적인 삶을 살아가는 사람을 지인, 진인(眞人) 혹은 신인(神人)이라고 한다. 도가적 삶의 완성이라 할 수 있는 지인의 모습은 다음과 같이 묘사된다.

자신의 덕을 드러내지 않고, 나와 너의 경계를 세우지 않는 인물이 지인(至人)이다. 진인(眞人)이란, 거울 같은 마음으로 모든 것을 차별 없이 있는 그대로 받아들이는 사람이다. 진인(眞人)은 인간 세상에서 각 존재자의 고유성과 다양성을 인정하고, 그럼으로써 인간 세상에서 살아가는 사람들과도 하나가 된다(정용선, 2012, pp. 259, 303, 315).

상대방의 고유성과 다양성을 인정하여 차별과 구별 없이 있는 그대로 받아들이는 지인은 자율성과 주체성을 상실한 청담자가 상담을 통해 얻고자 하는 변화된 최종 모습이자 목표와 같다.

청담자가 상담을 통해서 바람직한 변화를 갖게 되면 자신과 타인(외부 요소)을 구별 및 차별하지 않음으로써 타인과의 비교가 무의미해지는 단계에 이르게 된다. 이제 청담자는 자신의 마음을 다스릴 줄 알게 되어 자율성과 주체성을 유지한 채 모두와 소통하며 하나가 되는데, 이는 바로 도가에서 말하는 지인의 모습이다.

지인의 모습이 상담의 최종 단계에서 기대하는 청담자의 모습임은 다음에서도 추측할 수 있다.

장자의 정치관은 오직 자기 마음의 제왕이 되는 것, 즉 타인이나 외물에 얽매이거나 속박당하지 않는 사람이 천하의 제왕이 될 수 있다는 것이다(완샤 풀어씀, 심규호 옮김, 2011, p. 324).

오늘날 청담자가 경험하는 많은 문제 상황(인간관계,

진학, 취업, 결혼, 좌절, 시기, 질투 등)은 자신의 존재를 부정하고 타인(외부 요소)에 자신을 비교함으로써 발생한다.

상담에서 도가 속 '지인의 모습'이 가진 의미는 분명하다. 타인이나 외물에 속박당하지 않는 자기 마음의 제왕으로서 지인은 상담자가 기대하는 청담자의 모습이다. 앞서 제시한 인용문은 비록 장자의 정치관에서 언급된 내용이지만, 상담학적인 관점으로 바라본다면 청담자는 상담을 통해 성장하여 '자기 마음의 제왕'이 되어야 한다.

8. 치언의 상담

『장자(莊子)』에 나타나는 대표적인 글쓰기 방법에는 '풍자나 교훈을 주고자 동식물을 인격화하여 등장시키는 우화'도 있지만 '생각을 배제하여 있는 그대로 전달해 주는 치언(巵言)'도 있다.

『장자(莊子)』의 잡편(雜篇)에 실린 「우언(寓言)」 편에는 다음과 같은 글귀가 있다.

言无言 終身言 未嘗言 終身不言 未嘗不言
언무언 종신언 미상언 종신불언 미상불언

이 글귀는 "내 말에는 내가 없으므로 평생을 말해도 말한 적이 없다. 내가 평생을 말하지 않아도 대자연은 스스로 알아서 도(道)를 보여 주므로 내가 항상 말을 하는 셈이다."(이인호, 2007, p. 53)와 같이 해석할 수 있다.

이 글귀에서 '내 말에는 내가 없으므로(言无言)'의 의미를 좀 더 살펴보면, '내 말'은 곧 '나에게서 나오는 말이나 행동 표현을 통한 모든 설명'으로, '내가 없으므로'는 '내가 가진 의식, 선입견과 같은 고정관념으로 개인적인 주장과 의견을 고집하거나 지시하지 않는다.'는 의미로 보충할 수 있을 것이다. 즉, 이 글귀는 장자의 치언과 관련이 있다고 할 수 있다.

장자는 자신이 이렇게 말하는 것을 수도관에 비유했다. …… 수도관 자체는 그저 물을 흘려 보내는 일만 할 따름이다. …… 아무런 선입견도 편견도 없이 대자연의 소리를, 수돗물 흘려 보내듯 있는 그대로 전하는 전령의 역할을 한다(이인호, 2007, p. 55).

상담도 이와 같다. 상담자가 청담자와 대화를 주고받는 상담과정에서 상담자 자신의 개입은 없어야 한다. 만약 상담자의 의견과 주장이 청담자를 구속하고 수동적인 자세로 만드는 개입이라면, 이는 청담자의 자율적인 변화와 성장을 위한 상담이 아니며 청담자에게 타인의 가치를 강요한 삶을 살도록 만드는 꼴이 되는 것과 다를 바 없다.

바람직한 상담이란, 상담자 자신이 청담자가 되어 청담자가 자신이 투영된 모습으로서 상담자를 바라보며 생각해 볼 수 있는 기회를 제공하는 것이다. 즉, 상담자가 치언 그 자체이며, 상담자를 통해서 나오는 모든 것도 청담자에게는 치언이어야 한다.

이러한 치언의 상담이 가능한 이유는 바로 장자의 사상의 근간인 도에 있다. 장자는 도를 우주만물의 근본으로 보았으며 대자연은 스스로 도를 알려 준다고 했다. 대자연을 인위(人爲)가 아닌 무위의 세계, 어느 것에도 영향을 받지 않은 자유로움의 소요유의 세계라고 한다면, 개별적인 주체성을 지닌 자유로운 인간 역시 대자연이며, 도를 가지고 있다고 할 수 있다.

　또한 장자는 도란 세상 어디에나 있다고 말한다. 어디에나 깃들어 있는 도이므로 그것을 밖(外, 외부 혹은 타인)에서 찾을 필요 없이 안(內, 내면 및 자기 자신)에서도 찾을 수 있는 '도'임을 기억한다면, 청담자에게는 스스로 도를 알고 깨달을 수 있는 능력이 이미 내재되어 있다는 것이다. 이와 같은 맥락에서 로저스(Rogers) 역시 인본주의적 상담, 비지시적 상담을 통해 '내재된 가능성[로저스는 이를 실현 경향성(actualizing tendency)으로 설명]'을 지닌 청담자 스스로의 성장에 조력하는 상담자의 모습을 강조하고 있다는 것도 눈여겨보아야 할 점이다.

로저스는 모두 인간의 내면에 기본적인 동기가 내재되어 있다고 보았다(유성애, 2003).

나는 경험을 통해 사람에게 선천적인 특성이 있음을 발견하였는데, 긍정적인, 앞으로 움직이는, 건설적인, 현실적인, 신뢰할 수 있는 것과 같은 용어들이 이 특성을 잘 설명해 줄 수 있는 것 같다(Rogers, 1957a, p. 200: 유성애, 2003에서 재인용).

로저스는 자신의 경험을 통해 발견한 인간은 긍정적이고 진취적이고 건설적인 특징을 유전적으로 지니고 있다고 보고, '실현 경향성(actualizing tendency)' 이라는 용어로 설명하였다(유성애, 2003).

정리해 보면, 청담자의 내재된 능력을 활성화시킬 수 있도록 상담자는 청담자에게 있는 모습 그대로를 치언하는 자세가 필요하다. 무엇보다 가장 중요한 것은 청담자가 내재된 능력, 즉 장자가 말하는 도를 지니고 있음을 믿는 것이다. 즉, 상담자는 청담자의 모습을 그대로 비추어 주는 거울로서 청담자 자신을 포함한

〈표 6-2〉 로저스의 인간중심상담과 장자의 치언의 상담 비교

구분	로저스	장자
상담방법	비지시적 상담	치언의 상담
상담의 바탕이 되는 인간관	실현 경향성의 존재	도의 존재
상담자의 역할	청담자의 보조를 맞추는 것, 청담자를 조력하는 인물	

문제 상황을 바라보고 자각할 수 있는 기회를 제공하는 치언의 상담자가 되어야 한다.

9. 발견의 상담

상담은 다른 학문과 달리 대상이 인간이며 인간 자체가 목적인 학문이다. 따라서 공리적인 태도를 취하거나 수단 및 도구적 관점으로 상담에 접근하는 것은 바람직하지 않다.

「소요유」편에는 혜자와 장자가 큰 나무의 효용에 대해 논쟁을 벌이는 장면이 있다.

혜자가 말했다. "나에게 큰 나무가 있는데, 사람들은 가죽나무라고 부르더군. 줄기는 울퉁불퉁해서 먹줄을 칠 수 없고, 작은 가지는 구불구불하여 자를 댈 수 없소. 그 나무는 길가에서 자라고 있는데 장인이 전혀 거들떠보지 않소. 지금 그대의 말은 이 나무와 같아 크기만 했지 쓸모가 없어 모두들 외면하잖소." 장자가 말했다. "그대는 너구리나 살쾡이를 본 적이 없소이까? 몸을 낮게 웅크리고 놀러 나온 작은 동물들을 노리다가 이리 뛰고 저리 뛰며 높고 낮은 데를 가리지 않다가 결국 덫에 걸리거나 그물에 걸려 죽고 말지요. 하지만 저 검은 소를 한번 보시오. 거대한 크기는 하늘에 드리운 구름 같은데, 비록 쥐를 잡을 수는 없지만 그 효능은 실로 크다오. 지금 그대에게 큰 나무는 있지만 쓸모가 없다고 걱정하고 계신 듯한데, 어찌하여 아무것도 없는 너른 들판에 나무를 심어 놓고 그 곁에서 마음대로 어슬렁거리며 여유롭게 그 나무 아래서 누울 생각은 하지 않소. 도끼에 찍히는 일도 없을 것이고, 누가 해를 끼칠 일도 없을 것이오. 그러니 쓸모가 없다고 하여 어찌 폐해가 있겠소."(완샤 풀어씀, 심규호 옮김, 2011, p. 67)

혜자는 공리적인 관점에서 도움이 되는 물건만 가치

가 있는 것으로 판단한다. 따라서 다른 사람들의 시선에 비춰지는 외양적인 모습에 가치판단의 기준을 두고 있다.

그러나 상담은 인간이 대상이자 목적이기에 외양보다는 오히려 내면에 관심을 두고 이를 변화시키고자 한다. 상담에서 경제적 효과와 효용은 의미가 없다.

상담자는 앞서 인용한 문단에서 나타나는 장자의 관점에서 청담자를 바라보아야 한다. 또한 청담자가 혜자처럼 외적인 평가를 통해 자기 자신 혹은 타인을 바라보고 외부 요소로 판단한다면 상담자는 정신적 측면에서, 내부의 측면에서 또 다른 쓸모를 발견해 내어 청담자를 일깨워 주고 도와주어야 한다. 장자가 인간을 넘어 나무에 이르기까지 정신적 측면, 내부의 측면에서 대상을 바라보았다는 점을 떠올려 보면, 장자는 철학자이기 전에 상담자였음을 다시 한 번 분명히 알 수 있다.

상담은 '효용의 유무를 평가하는 과정'이 아니라 청담자 스스로 알지 못하는 자신의 쓸모를 발견하도록 돕는 '발견(發見)의 과정'이 되어야 한다.

10. 공감의 상담

「추수(秋水)」편의 끝 부분에는 다음과 같이 장자와 혜시가 나눈 유명한 논쟁이 등장한다.

> 장자와 혜시가 호수의 징검다리 위에서 노닐고 있었다. 장자가 말했다. "물고기가 한가롭게 노닐고 있습니다. 이것이 물고기의 즐거움이지요." 혜시가 말했다. "당신은 물고기가 아닌데 어떻게 물고기의 즐거움을 알 수 있습니까?"(푸페이룽 지음, 심의용 옮김, 2013, p. 189)

사실 이 대목은 장자와 혜시의 대화가 좀 더 진행되는 가운데 논쟁이라는 측면에서 훨씬 유명한 부분이지만, 상담학적인 관점에서 장자를 살펴보고자 의도적으로 아랫부분을 과감히 잘라 보았다.

이 문제에 대해 역대 학자들은 대부분 혜시가 사물의 본성을 체득하지 못했고 장자는 '사물과 잘 통했다.'고 평가

합니다. …… 대부분의 사람들은 현대 서양 심리학에서 말하는 '공감(empathy)'이라는 개념을 활용하여, 장자가 자신의 감정을 물고기에 투사했다거나 자신을 물고기처럼 상상하면서 즐거움을 느꼈다고 주장합니다(푸페이룽 지음, 심의용 옮김, 2013, p. 191).

장자는 이미 내편의 「제물론」에서 호접몽을 통해 공감(共感)의 모습을 보여 주었다. 청담자의 상황을 적시하여 그 감정까지도 읽어 내어 자신과 동일시하는 것을 공감이라 한다면, '장자가 나비인지, 나비가 장자가 되었던 것인지 알 수 없을 정도'라고 언급한 장면 역시 공감을 통한 깊은 유대(紐帶)라는 상담학적 의미로 해석이 가능하다. 이와 같은 점에서 장자는 인간의 차원을 넘어 다른 종인 동물에게까지 공감을 실천한 '시대를 앞서가는 상담가'였다.

11. 자정을 위한 상담

상담과정에서는 청담자가 상담자에게 간혹 예기치 못한 질문을 하거나 조언을 구하는 경우가 있다. 상담자인 나에게 청담자가 찾아와 다음과 같은 질문을 한다면 어떻게 대답할 수 있을까? 다음은 「인간세(人間世)」편에 나오는 상담 장면이다.

안합이 위령공의 태자를 가르치는 스승으로 가게 되었는데, 거백옥에게 다음과 같이 물었다. "여기 어떤 사람이 있는데, 그 덕이 천성적으로 박약합니다. 그와 더불어 무도한 행위를 하면 나라가 위태해집니다. 그와 더불어 옳은 일을 하고자 하면 제 몸이 위태해집니다. 그의 지적 능력은 다른 사람의 잘못을 잘 찾아내지만, 자기 잘못의 근거는 알아내지 못합니다. 이런 경우에 저는 어찌해야 합니까?"(정용선, 2012, p. 218)

참으로 난감한 질문이다. 태자와 무도한 행위를 함

께 하자니 나라가 어지러워지고, 무도한 태자를 변화 시키고자 옳은 말을 하면 자신의 생명이 위태해지는 상황에 처한 청담자 안합의 고민과 불안함이 잘 나타 나는 장면이다. 어떤 방법이 청담자 안합을 살리면서 태자 또한 변화시킬 수 있을까? 상담자 거백옥의 모습 을 살펴보면 이 진퇴양난의 상황의 해답이자 중요한 상담의 기본 원리를 깨달을 수 있다.

　　거백옥은 우선 이렇게 말한다. "좋은 질문입니다. 경계 　　하고 삼가서 당신의 몸가짐을 바르게 하십시오."(정용선, 　　2012, p. 219)

　거백옥은 온갖 걱정으로 고민하는 안합에게 "좋은 질문입니다."라고 대답한다. 즉, 상담자 거백옥의 청담 자 안합을 향한 첫 마디는 '공감'이었다. 상담자 거백 옥은 안합에게 "안합이 처한 고민스러운 상황이라면 누구나 할 수밖에 없는 좋은 질문을 했다."고 말하며, 안합이 처한 형편과 처지에 대해 깊은 이해를 통한 공감을 표현한다. 이러한 거백옥의 다소 예상 밖의 태도와 답변이 안합에게 어떤 영향을 미쳤을지 생각해 보자. 안합은 거백옥이 자신에게 전해 준 공감적 표현, "좋은 질문입니다."만으로도 마음의 걱정을 내려놓고 이어질 거백옥과의 상담에 마음을 열고 집중할 수 있었음을 충분히 예상해 볼 수 있다.

공감적 이해란, 마치 내가 상대방이 된 것처럼 상대방의 입장이 되어 상대방의 마음자리에서 울릴 법한 소리에 정성을 다해 귀 기울여 그에 반응해 주는 것을 말한다(박성희, 2009). 공감적 이해는 청담자와의 관계를 더욱 다져 준다. 또한 청담자가 상담과정에 대해 기대하고 집중하게 만들며 상담자에 대한 신뢰를 갖게 하는 상담의 첫 출발이다.

공감적 이해는 실천하기에 어렵거나 복잡하지 않다. 앞서 제시한 장면에서 거백옥의 공감적 이해는 단 일곱 글자, "좋은 질문입니다."로 표현된다. '청담자의 입장에서 반응하는' 공감이라면 단 일곱 글자로도 충분한 법이다.

"그가 갓난애가 되면 역시 그와 함께 갓난애가 되십시오. 그가 절도 없이 굴면 또한 함께 절도 없이 구십시오. 그가 함부로 방종하게 굴면 함께 방종하십시오. 그렇게 그를 이끌어 허물없는 경지에 들어가도록 하십시오."(정용선, 2012, p. 220)

둘째, 상담자 거백옥은 '표현하는 수용'을 강조하고 있다. 수용이란 '있는 그대로 받아들인다.'는 것으로, 생각이든 감정이든 행동이든 표현한 그대로 받아들인다는 뜻(박성희, 2012)이다. 거백옥은 안합에게 갓난아이가 되어야 한다면 갓난아이가 되라는 '생각의 수용'을, 방종하게 굴면 방종하게 굴라는 '행동의 수용'을 제시하고 있다.

이와 같은 거백옥의 수용은 '받아들임'에 한정된 수용에서 한 단계 발전한 '표현하는' 수용이라는 점에서 주목할 필요가 있다. 즉, 받아들이는 것에서 그치는 수용이 아니라 청담자와 같은 행동을 청담자에게 표현하는 수용의 중요성을 설명하고 있다. '표현하는 수용'

은 청담자에게 동질감과 친밀감을 더하여 주기 때문에 라포 형성을 용이하게 하는 것에도 효과가 있다. 하지만 더욱 중요한 점은 '표현하는 수용'이 청담자가 자신의 행동을 타인의 위치에서 경험해 보도록 하는 기회를 준다는 점이다. "수용에는 사람의 마음과 행동을 변화시키는 힘이 있다."(박성희, 2012)는 것을 바탕으로 '표현하는 수용'은 친밀감과 신뢰 형성은 물론 청담자의 문제 상황에 관한 사고의 폭도 넓혀 주어 긍정적 변화를 유발하는 일석이조의 효과를 가질 수 있다. 또한 '표현하는 수용'을 통해 상담 초기의 상담자와 청담자 간의 어색함과 불신에 대한 두려움에서 벗어나 '허물 없는 경지'에 들어섬과 같이 상담 초기 과정의 급진전을 불러일으킬 수 있다.

마지막으로, 거백옥은 스스로 반성하고 성장할 수 있는 자정(自正)의 상담을 안합에게 제시한다. 즉, 상담자 안합이 청담자 태자에게 여러 가지를 제시하기보다는 태자에게 스스로 자정할 수 있는 기회만을 제공하는 조력자의 역할을 감당할 것을 은연중에 설명하고 있다.

인간세의 문제나 어떤 상대를 변화시켜야 할 필요에 봉
착했을 때 취할 수 있는 최선의 방책은, 상대를 바로잡으
려(相正) 하지 말고 상대의 마음과 상황을 배려하며(相尊)
스스로 바로잡을(自正) 수 있도록 돕는 것이다(정용선,
2012, p. 224).

태자의 성격이 박하고 부덕하므로 그 눈에 벗어나는
지적은 오히려 안합에게 손해만 예상되고 또한 태자의
이해력 부족으로 충고 역시 무익할 것으로 예상된다면
남아 있는 최선의 방법은 태자 스스로에게 자정의 기
회를 제공하는 것이다. 장자가 말했듯이, 도는 어디에
나 있는 것이므로 태자에게도 도는 단지 드러나지 않
았을 뿐 내재되어 있기 때문이다.

거백옥과 안합의 대화를 통해 알 수 있는 장자의
'자정의 상담과정' 3단계를 정리해 보면 [그림 6-1]과
같다.

상담단계 관련인물	만남	진행	종료
상담자의 모습	청담자의 입장에서 반응하는 공감	표현하는 수용	자정의 기회 제공
거백옥의 표현	"좋은 말씀입니다." ⇨	"방종하게 굴면, 방종하게 굴라." ⇨	스스로 바로잡을 수 있도록 조력
청담자의 심리반응	상담과정에 대한 기대와 집중	변화의 원동력 + 허물없는 경지	자정

[그림 6-1] 거백옥의 모습을 통한 자정의 상담과정

12. 무위를 위한 상담

'놀다' 또는 '노닐다'는 『장자(莊子)』에서 대단히 자주
등장하는 중요한 표현이다. 일반적으로 '유심(遊心)'이나
'소요(逍遙)'는 한가로이 노니는 마음으로 해석되는데, 이
는 목적을 지니지 않은 행위, 즉 무위(無爲)를 가리킨다.
무위(無爲)는 이성적이고 계산적인 사유가 개입되지 않은,
이분법적인 택일적 사유가 해체된 마음의 상태를 지시한

다(정용선, 2012, p. 372).

개인이 계산적인 사유(思惟)에서 떠나 한가롭게 삶을 지내는 모습을 상상해 보면, 청담자가 상담을 통해 자신의 모습을 재발견하고 자신을 구속하는 문제 상황에서 벗어나 소요(逍遙)하는 모습과의 공통점을 쉽게 떠올릴 수 있다. '택일하지 않는 마음'의 의미는 어떤 선택을 강요받지 않아 외부의 목적을 의식하지 않는 자유로운 마음가짐이며 무위란 아무것도 하지 않는다가 아니라 자연의 흐름, 자연(自然)의 존재처럼 자연스럽게 받아들이고 살아가는 상태나 삶을 의미한다.

즉, 『장자(莊子)』에서 추구하는 삶의 모습은 상담을 통해 바람직하게 성장하여 자신의 판단에 의해 자유롭게 삶을 구성해 가는 청담자의 모습과 동일함을 알 수 있다.

7

장자의 '만남'과 상담

1. 장자의 '바람'을 만나다

「소요유(逍遙遊)」편에는 대붕(大鵬)의 우화(寓話)가
등장한다. 이 이야기에서는 작은 물고기가 커다란 물
고기인 곤(鯤)으로 변하고 다시 거대한 몸집을 지닌 대
붕으로 변화하여 높은 하늘로 올라가 진정한 자유를
얻어 소요유하는 모습을 보여 준다.

물론 장자는 이 우화를 통해 진정한 자유를 얻기까
지의 노력과 결국 속박을 벗어나 자유의 경계, 즉 소요

유의 경계에서 자유롭게 노니는 아름다운 모습을 설명한다. 하지만 커다란 물고기와 새가 등장하는 다소 황당하기도 한 이야기를 상담의 차원에서 살펴볼 필요가 있다.

> 커다란 물고기인 곤(鯤)이 붕(鵬)새가 되려면 반드시 바람이 있어야 한다. 그러나 바람을 기다려 하늘로 날아오른 붕새는 그 바람마저 버린다. 그렇지 않으면 바람의 힘에 의해 통제를 받기 때문이다. 날아오름에 바람은 필수적이다. 그러나 그 바람마저 버려야만 비로소 소요유(逍遙遊)의 경계에 도달할 수 있다(완샤 풀어씀, 심규호 옮김, 2011, p. 55).

물고기 곤을 청담자의 모습으로, 붕(鵬)새는 청담자가 상담과정을 통해 변화한 모습으로 바라보면, 커다란 물고기인 곤이 붕새가 되기 위해선 바람의 존재가 필수적임을 알 수 있다.

이제부터 상담학적인 관점에서 바람의 의미를 네 가지로 살펴보고자 한다.

첫째, 바람은 '오랜 기다림'을 의미한다. 청담자인 곤이 한 단계 더욱 성장하려면, 청담자 곤의 바람직한 성장을 기대한다면, 상담자는 기다릴 수 있어야한다. 상담과정 초기에 즉각적인 내면의 변화와 함께 행동의 변화가 청담자에게 일어날 가능성은 적다. 상담자는 바람이 불어오는 때를 기다려야 하고, 바람이 불어오는 장소로 적합한지도 청담자의 입장에서 살펴보아야 한다. 즉, 청담자의 변화를 위해서는 충분한 기다림의 시간과 환경을 제공해야 한다는 뜻이다. 청담자는 적절한 시간에 알맞은 환경에서 준비된 바람이 불어 주어야 자신의 문제 상황을 박차고 날아가는 진정한 비상(飛上)이 가능하다. 이 '오랜 기다림'은 청담자 스스로 성장하기 위한 기다림의 시간임을 기억해야 한다.

둘째, 바람은 상담관계에서 만남의 중요성을 의미한다.

거대한 붕(鵬)은 하늘에 구름을 드리울 정도의 거대한 날개가 있더라도, 그 날개를 움직이는 것만으로는 남명으로 날아갈 수 없다. 거기에는 반드시 바다의 기운(바람)이 필요하다. 아무리 대단한 비상의 능력을 지니고 있더라도, 관계의 인연을 만나야만 비로소 날아오를 수 있다는 것이다(정용선, 2012, p. 18).

상담의 관계적 측면에서 살펴보면 바람은 만남의 중요성을 의미한다. 상담이 인격적 만남을 통해 바람직한 성장을 돕는 것이라면, 장자가 말하는 붕이 남명으로 날아갈 수 있도록 돕는 바람은 상담자와의 만남을 의미한다. 청담자의 잠재 능력이 뛰어나다 할지라도 숨어 있는 그것을 발견해 내고 격려하여 청담자 자신의 삶을 소요유하게 돕는 것은 상담자의 몫이자 역할이다.

또한 바람은 상담자에게도 만남의 의미를 부여한다. 바람은 거대한 붕이 소요유할 수 있도록 도와주기도 하지만 바람 역시 거대한 붕에 의해 자신의 필요와 존재 가치를 알게 된다. 바람과 붕의 이러한 '만남'을 통해 상담자와 청담자의 관계가 '서로가 서로를 돕는 관계' 임을 유추해 볼 수 있다. 즉, '만남' 을 통해 시작되는 상담은 서로가 서로를 돕는 과정으로, 여기서의 상담자와 청담자의 구분은 불필요하다.

셋째, 바람은 청담자를 향한 상담자의 무소유(無所有)적 자세와 역할의 중요성을 의미한다. 상담자는 상담과정에서 '바람' 같은 존재가 되어야 한다. 고여 있거나 머물러 있지 않고 '휘익' 하며 청담자를 스쳐 지나감으로써 들썩이게 하는 기운을 제공하면 그것으로 충분하다. 상담자는 청담자를 바람직한 성장으로 이끌고자 통제해서는 안 된다. 상담과정을 통해 조력자의 위치에서 성공적인 상담을 마쳤다면 더 이상 청담자에게 영향을 미치는 것은 바람직하지 못하다. '스쳐 지나가는 영향' 이 아니라 청담자에게 '머무는 영향' 이라면, 청담자는 수동적인 행동과 의존하는 습관이 생겨 자율적이고 주체적으로 성장하기 어렵다.

하늘 높이 날아오른 붕새, 즉 자신의 모든 문제 상황을 극복하고 스스로의 힘으로 삶 속에서 성장해 나갈 수 있는 청담자가 되었다면 이제껏 도움을 주던 바람,

즉 조력자의 역할을 담당했던 상담자의 품에서 벗어나야 한다. 상담자 역시 청담자를 조력하는 입장에서 상담 목표에 도달하였다면, 청담자를 스쳐 지나가는 바람처럼 무소유의 자세로 상담자의 역할을 담당해야 한다.

마지막으로, 상담자는 '만남'의 과정에서 청담자의 의지(意志)를 북돋는 바람이어야 한다.

아무리 적절한 시기에 알맞은 바람이 불어온다 할지라도 곤이 날갯짓을 하지 않는다면 진정한 자유인 소요유의 경지를 향해 올라갈 수 없다. 상담자가 청담자 스스로 성장할 수 있는 시기를 잠잠히 기다리는 것, 청담자 옆에서 조력자의 역할을 성실하게 수행하는 것도 상담에서 중요하지만, 가장 중요한 것은 청담자의 내적(內的) 의지다. 청담자 곤이 날갯짓의 필요에 대해 무관심·무감각하거나 날갯짓을 포기하려 할 때, 상담자 '바람'은 청담자가 소요유의 경지이자 바람직한 성장의 길로 들어서도록 청담자 내면의 동기를 이끌어낼 준비가 되어 있어야 한다.

장자의 소요유는 모든 조건의 속박에서 벗어나 자유로운 삶으로의 진입 혹은 지향하는 것을 의미한다. 상담학의 관점에서 '소요유'는 상담의 목표이자 상담 그자체라고도 할 수 있다. 상담이 지향해야 할 방향은 대붕의 모습을 통해 알 수 있다. 청담자는 사물이건 사람이건 정신이건 간에 그 어떤 외적인 조건에도 속박되지 않고 소요유를 향해 비상하는 대붕처럼 자신의 의지대로 날아가야 한다.

상담은 상담자가 '바람'이 되어 청담자를 소요유의

〈표 7-1〉 '바람'의 상담학적 의미

'바람'의 상담학적 의미	바람을 오래 기다림	상담자의 청담자의 성장을 향한 기다림
	만남의 중요성	바람직한 성장을 돕는 상담자와의 만남
	청담자를 향한 상담자의 무소유적 자세와 역할	상담과정은 물론 종료 후에도 상담자는 청담자를 단지 스쳐 지나가는 바람이어야 한다. (통제와 주입이 아닌 자율적 · 주체적 상담)
	의지를 북돋움	청담자 내면의 성장 동기를 북돋움

경지에 노닐도록 조력하는 것을 목표로 한다.

2. 장자의 철학과 만남의 네 차원과의 비교

이 절에서는 장자의 철학과 '질적 차이를 바탕으로 분류한 네 가지 만남'(박성희, 2014)과의 비교·대조를 통해 그 관계를 살펴보고자 한다.

모든 상담은 만남을 통해서 이루어지며, 상담에서 만남의 중요성을 인식한 상담학자들은 상담자와 청담자가 만나서 형성하는 상담관계를 탐구하기 시작했다. 상담관계는 상담을 통해 사람의 성장과 발전을 조력하는 관계를 일컫는 것으로서 상담의 성패를 결정하는 요소로 작용하기도 한다. 따라서 상담관계는 상담이 시작될 때부터 마무리될 때까지 신중하게 다루어져야 한다(박성희, 2014).

상담에서는 무엇보다 만남이 중요하다. 여기서 만남이란, 좁게는 상담과정에서 경험하는 상담자와 청담자

사이의 관계를 의미하고, 넓게는 다양한 인간관계 속에서 서로 영향을 주고받으며 바람직한 성장을 돕는 과정을 의미한다. 이러한 만남의 의미를 가볍게 여기거나 잘못된 만남을 통해 상담관계가 맺어진다면, 상담의 성패를 보장할 수 없고 상담 효과를 기대할 수 없는 것은 당연하다.

이처럼 상담에서 무엇보다 중요한 '만남'을 박성희(2014)는 질적 차이를 바탕으로 네 가지 종류의 만남(도구적 만남, 인격적 만남, 생성적 만남, 동체적 만남)으로 구분하였고, 도구(道具)적 만남은 상담에서 지양해야 할 만남으로, 인격(人格)적인 만남은 상담에서 최소한의 예절로 갖춰야 할 만남으로, 생성(生成)적 만남과 동체(同體)적 만남은 상담이 지향해야 할 이상적인 만남으로 설명하고 있다.

장자의 철학에서도 '만남'에 대한 높은 수준의 성찰을 찾아볼 수 있다. 장자의 철학과 네 가지 차원의 만남과의 관계를 비교·대조함으로써 장자 철학의 상담학적인 의미를 더욱 밝히고자 한다.

1) 장자와 도구적 만남

도구(道具)적 만남은 상대방을 하나의 도구(道具)나 수단으로 대하는 만남이다. 부버(Buber)가 말하는 나-그것과의 관계가 바로 여기에 해당한다. 부버는 나-그것의 관계는 경험, 이용, 관찰 및 분석의 대상이 되는 관계라고 말한다. 이 관계에서 '그것'은 내가 경험하고 이용하고 관찰하고 분석할 수 있는 대상일 뿐 그것을 대하는 주체인 '나'와 직접적인 관계에 들어오지 않는다. 따라서 이 관계는 일방적이요, 자의적이요, 도구적일 수밖에 없다. 그 대상은 언제나 나의 필요와 욕구에 따라 일시적으로 스쳐 가는 것일 뿐 나의 본질이나 실존에 아무런 영향을 끼치지 못한다. 이 관계에서 만남의 파트너가 되는 대상은 아무런 차이가 없다. 즉, 그 대상이 자연이든 사람이든 신이든 주체인 '나'에 의해 객체로 취급당하는 '그것'일 따름이다. 도구적 만남에서 중요한 것은 언제나 '나'다(박성희, 2014).

이 글에서 박성희가 말하는 도구적 만남은 상담에서 피해야 할 만남이다. 장자 역시 인간을 도구적 존재로 보지 않는다. 모든 만물을 하나(一)로 바라보는 제물론(齊物論)과 물아일체(物我一體) 사상을 바탕으로 하는 것만 보아도 알 수 있듯이, 장자는 나−그것의 일방적·수단적 관계가 아닌 그 자체가 목적으로 인간을 대하고 있다. 호접몽(胡蝶夢)의 우화를 통해서 물아(物我)가 근본적으로 동일하다고 설명하는 장자에게 주체와 객체의 구분과 분석은 불필요하다. 또한 앞서 밝혔듯이, 제물론이 가진 '모든 존재가 하나의 그물망으로 연결되어 있다.'는 뜻을 보아도 주체인 '나'와 객체인 '너'의 '만남'은 장자에게 무의미하다.

2) 장자와 인격적 만남

앞서 언급하였듯이, 박성희(2014)는 '만남'에는 질적 차이가 존재한다고 보고 만남을 모두 네 가지로 구분하였다. 이 중 인격적 만남은 상담에서 최소한의 예절로 갖춰야 할 만남이라고 하였는데, 이는 기본적으로 인격적 만남이 다음과 같은 특징을 가지고 있기 때문이다.

인격적 만남에서 '나'가 만나는 상대는 나와 동일한 인격을 갖춘 존재로 인정되고 존중된다. 다시 말해 '나'가 지속성을 유지하며 자기주도적으로 살아가는 개체로서 고유한 정신적 특성을 가진 것처럼 상대방도 그렇게 인정하고 존중한다는 것이다(박성희, 2014).

하지만 인격적 만남은 다음과 같은 부족함을 가지고 있어 뒤이어 살펴볼 이상적 만남이라 할 수 있는 생성적 만남과 동체적 만남과는 구별된다.

인격적 만남은 흔히 참만남(encounter)이라고 한다. 참만남을 뜻하는 영어의 encounter는 인격적 만남의 속성을 잘 드러낸다. encounter는 라틴어의 en(보다)과 counter(~에 반대하여, ~에 거슬러, ~에 기대어)가 합쳐져서 생긴 용어다. …… 그런데 이 마주 서 있는 '너'는 '나'와 단순히 마주 서 있을 뿐 아니라, 나와 반대가 되고 나를 거스르는 사람이라고 규정된다. 그러니까 기본 DNA에서부터 품성, 행동, 주장이 아예 근본부터 나와 다른 사람이다. …… 인격적 만남의 목표는 참여와 생성에 있지 않다. 다시 말해 상대방의 삶에 참여해 들어가면서 자기 자신의 근원에 변화를 일으키는 상호성과 창조적 생성성이 결여되어 있다는 뜻이다. …… 상대방의 다름에 열려 있기는 하지만 기본적으로 자신과 대상, 너와 나를 둘로 가르고 분리하는 이분법을 넘어서지 못하는 만남이라고 할 수 있다(박성희, 2014).

장자의 만남은 다음과 같은 이유로 인격적 만남의 수준을 뛰어넘고 있다.

첫째, 장자에게 '나'와 '너'는 마주 서 있어 반대가 되는 존재가 아니다. 장자는 '도(道)'가 내재된 '자연(自然, 스스로 그러함)'에 기초한 무위(無爲)를 강조하였고, 이와 반대되는 개념인 유위(有爲) 혹은 인위(人爲)에는 반대하였다.

도의 각도에서 보면 만사만물이 모두 하나로 통한다. 만물은 무에서 유에 이르러 구분이 생긴다. 즉, 도가 어그러지는 것이다(완샤 풀어씀, 심규호 옮김, 2011, p. 95).

마주 서 있고 반대가 되는, 즉 하나로 통하지 않는

상태는 시비(是非), 구별(區別), 차별(差別)의 인위적인 것으로 장자가 의도하는 바와 다르다. 장자의 '나'와 '너'는 '마주 서 반대가 되는 존재'가 아니라, 물아일체의 '나와 너'다.

둘째, 장자는 '나'와 '너'를 근본부터 다른 사람이라 인식하지 않는다. 장자는 '도'를 우주 만물의 근본(根本)으로 인식한다. 따라서 만사 만물의 생성, 발전, 소멸 역시 '도'를 통하지 않고서는 이루어질 수 없다고 하였다(이인호, 2007, p. 76). 따라서 '나'와 '너'는 물론 온 우주의 '근본(根本)'은 바로 '도'라는 점에서 같으며 이와 같은 이유로 '만물은 모두 하나'라는 제물론까지 장자의 사상은 이어진다.

셋째, 장자의 만남은 인격적 만남과는 달리 상대방의 삶에 변화를 일으키는 상호성과 창조적 생성성이 포함되어 있다. 장자의 「천하(天下)」편은 도에 대해 다음과 같이 설명하고 있다.

芴漠无形, 變化无常

홀막무형, 변화무상

황홀하고 아득하여 형체가 없고, 끝없이 변화하여 종잡을 수 없다.

(『장자(莊子)』「천하(天下)」, 이인호, 2007, p. 73)

이처럼 장자는 자신의 사상의 토대가 되는 '도'를 변화(變化)로 바라보았다. 또한 장자의 '도'는 홀로 변화하는 것이 아닌, 연속된 관계망에서의 변화를 의미한다.

장자의 철학에서 도로 지칭되는 존재 과정의 전체는 무한한 관계망에서 무한한 변화가 연속되는 유전 활동 그 자체다. …… 자연의 실상은 연관과 연속이고, 그 속에서 변화하며 균형을 이룬다. 독립적으로 따로 분리되어 존재하는 실체란 없다(정용선, 2012, pp. 386-387).

즉, '이어져서 관계 맺은 상태'를 의미하는 연속은 '상호성'을, '무한한 변화'는 '창조적 생성성'을 의미한다고 할 수 있다. 장자의 '자연(스스로 그러함)'이 가장 잘 드러나는 '자연(환경)'을 보면 스스로 변화하고 (창조적 생성성) 여러 구성 요소끼리 연속된 관계망 안에서 영향을 주고받음(상호성)이 확인 가능하다.

넷째, 장자는 이분법적으로 '나'와 '너'를 분리하지 않는다. 장자의 호접몽은 장자가 나비 꿈을 꾼 것일 뿐만 아니라 나비 또한 장자를 꿈꾸고 있다. 이런 점에서 주체와 객체의 융합과 일체를 표현한 것이다(심규호 옮김, 2011, p. 99). 즉, 물화(物化), 물아일체를 설명하는 장자는 '나'와 '너'의 대상을 이분법적인 '분리'가 아닌 '통합'과 '일체'로 바라본다. 이것은 뒤에서 설명하는, 상담이 지향해야 할 동체적 만남의 수준에 이르는 관계라 할 수 있다.

3) 장자와 생성적 만남

장자의 철학은 도가(道家) 사상을 바탕으로 하고 있다. 누구나 장자 하면 '도'를 쉽게 떠올릴 수 있지만 이 한 글자의 단어 '도'가 지닌 복잡하고도 심오한 내용으로 인해 쉽게 답할 수 없는 것 역시 바로 '도'다.

　장자의 도는 천지만물을 존재하게 하는 궁극의 원인이라 할 수 있다. 도는 인간의 의식에 의존하지 않는 객관적 존재로, 모든 사물의 생성과 발전을 지배하며 모든 사물에 존재한다. 도는 만물을 사사롭게 좋아하거나 싫어하지 않으며 애써 간섭하지 않는다. 그래서 만물이 각기 특성에 따라 필연적이고 자연적으로 발전하며 자신의 특징과 면모를 드러낼 수 있도록 한다(심규호 옮김, 2011, p. 260).

　만물은 도를 가지고 있고 이러한 도는 만물을 스스로 그러하도록 하는 자발성(自發性), 자연성(自然性), 즉 가능성을 가지고 있다. 이러한 도를 깨달은 사람은 만물이 모두 도를 가지고 있는 하나이며, 비교와 구별이 무의미함을 알게 된다.

　『장자(莊子)』의 「지북유(知北遊)」편에는 다음과 같은 대화가 등장한다.

　동곽자가 장자에게 가르침을 구했다. "당신이 말하는 도

(道)는 어디에 있습니까?" 장자가 말했다. "없는 곳이 없습니다." 동곽자가 말했다. "분명하게 구체적인 장소를 말씀해 주십시오." 장자가 말했다. "땅강아지나 개미에게 있습니다." 동곽자가 말했다. "어째서 그렇게 비천한 것에 있습니까?" 장자가 말했다. "잡초에도 있습니다." 동곽자가 말했다. "어째서 더 비천한 것에 있습니까?" 장자가 말했다. "기와나 벽돌에도 있습니다." 동곽자가 말했다. "어째서 더욱더 심해지십니까?" 장자가 말했다. "똥이나 오줌에도 있습니다."(푸페이룽 지음, 심의용 옮김, 2013, pp. 242-243)

도는 만물의 근원이라는 점, 어느 곳에나 없는 곳이 없다는 점, 만물에 스스로 그러할 수 있는 가능성으로서 자발성을 부여한다는 점, 도의 절대적 경지의 순간에는 있고 없음(有無), 옳고 그름(是非), 나와 너의 구별이 없다는 점, 구별이 없으므로 차별 또한 없다는 점 등을 통해 '세계는 모두 하나로 연결되어 있다.'는 제물론의 사상에까지 이르게 된다.

다시 말해, 이 세계는 모두가 상호 의존되어 있는 상

태로, 하나의 사물이 존재하는 원인이 있고, 그 원인을 있게 하는 또 다른 원인이 존재하는 연속된 과정에서 가장 근원적인 원인이 바로 도다. 도는 모든 것이 존재하는 이유이자 만물의 근원으로서 모두가 상호 의존적 존재임을 알게 하는 장자의 가르침이다.

박성희(2014)가 말하는 상담과정에서의 생성적 만남은 다음과 같다.

> 생성적 만남은 인격적 만남에서 한 걸음 더 나아간다. 만나는 상대방을 인격적으로 존중할 뿐 아니라 상대방과 더불어 새로운 차원의 공동체를 만들어 가는 것이다. …… 종전의 만남이 항상 분리된 나와 너에서 벗어나지 못하는 데 비해 생성적 만남은 나와 너를 넘어서서 새로운 차원으로 관계를 창조해 가는 힘을 가지고 있다. 생성적 만남이 가능한 것은 '나'를 바라보는 기본 시각에서 비롯된다. 부버(Buber)는 원래 스스로 존재하는 '나'는 없다고 단언한다. …… 부버는 '너'가 없으면 아예 '나'가 없을 뿐 아니라 '나'의 변화와 성장도 있을 수 없다고 잘라 말한다.

즉, 생성적 만남은 상담자와 청담자 모두를 성장시키는

상호적 만남이며 서로의 삶을 공유하고 체험하는 포용하는 관계이며 상호 협력인 관계다. 부버는 이런 관계를 '대화적 관계'라고 표현하였다(박성희, 2014).

여기에서 언급한 "종전의 만남이 항상 분리된 나와 너에서 벗어나지 못하는 데 비해 생성적 만남은 나와 너를 넘어서서 새로운 차원으로 관계를 창조해 가는 힘을 가지고 있다."는 바로 앞서 설명한 장자의 사상과 일맥상통한다. 이제껏 '나'와 '너'로 구분 지어 온 세계를 도의 개념을 바탕으로, '나'와 '너'가 아닌 모두 '하나'라는 새로운 차원으로 관계를 재창조했던 이가 바로 장자다. 이처럼 장자에겐 '만남'이란 분리되어 있지 않기에 스스로 존재하는 '나'도 없는 것이다.

여기에서 언급한 생성적 만남의 '상호 협력인 관계' 역시 늘 변화하여 고정된 실체가 없는 변화무쌍한 도에 의해 설명이 가능하다.

'나'는 분리되고 고정된 실체가 아니라 대상과의 관계 속

에서 늘 새롭게 형성되는 구성체라는 점과, '나'의 변화와 성
장을 가능케 하는 원천으로서 '너'의 가치다(박성희, 2014).

우리 모두는 만물의 근원인 도의 관점에서 볼 때 하
나의 연속망으로 연결된 존재다. 따라서 서로가 연결
(一)되어 있는 '우리'에게 '나'를 변화하고 성장하게
하는 원천은 '너'의 존재, 즉 도가 내재되어 있는 '너'
의 존재라 할 수 있다.
　생성적 만남은 장자의 도의 개념과 도의 개념이 확
장된 제물론으로 확인할 수 있다. 만물에 흐르는 기운
이자 근원이며 하나의 정신 혹은 흐름으로 표현이 가
능한 도의 존재는 서로에게 영향을 주고 서로를 성장
시키는 상호적 상담관계이자 만남인 생성적 만남을
뒷받침하는 중요 개념이라 할 수 있다.

4) 장자와 동체적 만남

　다른 만남들은 모두 나와 너를 둘로 가르는 이분법에

근거를 두고 있다. 도구적인 만남은 물론이요, 존중하는 만남이나 생성하는 만남에서도 너는 나와 분리된 존재다. …… 동체적 만남은 처음부터 하나에서 출발함으로써 이 분법을 넘어서 있다. 나와 너가 아니라 우리('큰 나')라는 하나의 몸(동체)이 전제되고 그 안에서 만남과 관계가 이루어지기 때문이다. 하나에 속해 있기 때문에 나와 너가 따로 나뉘지 않을뿐더러 떨어진 간격이 없으므로 사이 역시 존재할 여지가 없다(박성희, 2014).

박성희는 동체적 만남의 출발은 우리 모두가 하나라는 인식에서 시작된다고 설명한다. 우리 모두가 하나, 만물이 하나로부터 시작되었다는 것은 바로 장자가 우리에게 전달하는 가장 강력한 메시지다. 우화라는 이야기 방법을 통해 때로는 불성실하고 차갑게 느껴질 수도 있었던 책 『장자(莊子)』 속 장자는 이미 상담의 첫 출발이자 바람직한 상담의 전제조건이 되는 동체적 만남을 이미 전제했던 상담가라 할 수 있다.

체험 안에서 몸과 마음을 비롯해 삼라만상의 모든 너(대상)를 품고 있는 '큰 나'를 말한다. '큰 나' 안에서 너는 나의 투영이며, 나의 표현이며, 나의 가능성이며, 나가 실현된 또 다른 모습이다. 따라서 '큰 나' 안에서 나와 너의 만남은 나가 나를 만나는 것과 다르지 않다. 너를 만나는 나는 바로 나를 만나는 것이다. 나-너의 만남은 곧 나-나의 만남이다(박성희, 2014).

정확한 비유일지 모르지만, '큰 나'의 개념을 장자의 사상으로 좀 더 설명해 보려고 한다. 만물의 근원은 도임과 이러한 도의 경지는 '지극히 넓고 깊어서 그 크기를 헤아릴 수 없음'을 생각할 때 '큰 나'는 '도'라고 설명이 가능하다. 이제 앞서 제시한 문단의 '큰 나'를 '도'로 바꾸어 읽어 보자.

"체험 안에서 몸과 마음을 비롯해 삼라만상의 모든 너(대상)를 품고 있는 '큰 나(도, 道)'를 말한다. '큰 나' 안에서 너는 나의 투영이며, 나의 표현이며, 나의 가능성이며, 나가 실현된 또 다른 모습이다. 따라서 '큰 나' 안에서 나와 너의 만남은 나가 나를 만나는 것과 다르지 않다. 너를 만나는 나는 바로 나를 만나는 것이다. 나-너의 만남은 곧 나-나의 만남이다."

썩 잘 어울리는 설명이다. 도 안에서 우리 모두는 서로의 투영이자 가능성이다. 도란 연결된 고리여서 나와 너의 '구별'이 아닌 나와 나의 '만남'이기 때문이다.

> 동체적 만남은 같은 몸, 같은 생명체에 흐르는 흐름에 참여하여 하나를 누리는 만남이다. 상담자와 청담자를 큰 하나에 속하는 동체적 존재라고 간주할 때 둘은 하나의 다른 표현에 불과하다. 따라서 동체적 만남의 기초는 상담자가 자신을 대하듯 청담자를 대하는 데 있다(박성희, 2014).

장자는 같은 종(種)인 인간, 즉 타인과의 관계는 물론 만물이 모두 통하여 하나가 된 세계까지도 곧 제물론의 세계로 표현하고 있다. 이처럼 같은 종이 아닌 동물과 식물 등에 이르기까지 하나로 통한다는 장자의 사상에서 출발한다면 같은 종인 상담자와 청담자 사이의 동체적 만남은 쉽게 수긍이 갈 수 있는 것들이다.

「제물론」 전체는 옹졸하고 자폐적인 사상, 즉 인간중심주의에 대한 날카로운 풍자가 깔려 있다. 타물의 관계에서는 인간중심주의, 타 집단과의 관계에서는 집단이기주의, 타인과의 관계에서는 자기중심주의라 불리는 이 여러 모습의 심리 상태는 본질적으로 하나의 동일한 심리 상태, 즉 '폐쇄성'에서 기인하는 것이다. 장자는 「제물론」을 통하여 우리 모두가 필연적으로 가지고 있는 우리 마음의 폐쇄성을 지적하며 그것을 넘어설 것을 권한다(차경남, 2012, p. 111).

만남은 그리고 상담은 상대방을 내가 아닌 타인(他人), 즉 객체로 바라보면 이미 도구나 수단 또는 대상으로 바라보는 도구적 만남의 시작일 뿐이다. 애초부터 우리 모두가 본질적으로 하나라는 장자의 사상을 바탕으로 상담과정에 참여할 때 생성적 만남, 동체적 만남이 가능하고 이상적인 상담으로의 첫발을 내딛을 수 있다.

「제물론」을 관통하는 도의 사상과 만물이 하나라는 장자의 인식은 인간 자체가 목적인 상담학에서 놓치지 말아야 할 중요한 핵심이다. 따라서 '나+너'의 만남도 중요하고, '우리'로의 만남도 좋지만, '하나'로의 만남을 위해서는 모두가 연결되어 서로 영향을 미치는 관계이자 한 몸이라는, 자아의 관점을 초월하여 바라보는 안목, 장자의 「제물론」을 귀담아 들어야 한다.

8

장자 상담의 적용

1. 장자의 사상을 적용한 상담과정

1) 장자 상담의 시작, 마음 비우기

『장자(莊子)』의 「추수(秋水)」 편에는 다음과 같은 이야기가 있다.

가을 물이 때가 되어 천 갈래 계곡에서 황하로 들어오니 물이 갑자기 늘어나 양쪽 강기슭과 모래톱 사이에 있는 소와 말을 분간할 수 없을 정도로 황하가 넓어졌다. 그래서 황하의 신인 하백은 득의양양하게 천하의 아름다움이 모두 자신에게 있다고 여겼다. 그러나 그가 물길을 따라서 동쪽으로 가다가 북쪽 바다에 이르러 동쪽을 바라보니 바닷물의 끝을 볼 수 없었다. 이때 하백은 비로소 득의양양했던 안색을 바꾸고 바다를 바라보았다. 북쪽 바다의 신인 약에게 감탄하며 말했다.

"속담에 도를 조금 알면 자기보다 나은 사람이 없다고 여긴다는 말이 있는데 나를 두고 한 말이군요. 또한 나는 공자의 식견이 별것 아니라 하고 백이의 절개를 경시하는 사람의 이야기를 들은 적이 있는데 애초부터 믿지 않았습니다. 그런데 지금 당신의 헤아리기 어려운 광대함을 목도했습니다. 내가 당신에게 오지 않았다면 큰일 날 뻔했습니다. 그렇지 않다면 오래도록 도를 가진 사람들로부터 비웃음을 샀을 테니까요."(푸페이룽 지음, 심의용 옮김, 2013, pp. 39-40)

이 우화를 통해 청담자의 변화와 성장을 위해서는 깨달음이 필요하고, 이러한 깨달음의 첫 출발은 바로 자신의 초라함과 무지함과 같은 현실을 인정하는 것에 있음을 알 수 있다. 청담자 하백은 자신의 현실을 깨달고 변화가 필요함을 스스로 인정하고 있다. 하백이 '천하의 아름다움이 모두 자기에게 있다.'는 생각을 잊어버렸을 때, 즉 마음을 비웠을 때 깨달음과 함께 변화와 성장을 위한 내적 동기가 유발된 것이다.

행동이나 마음가짐의 변화에 있어 무엇보다 강력한 힘을 발휘하는 것이 바로 자신으로부터의 내적 동기임을 여러 학자의 연구를 통해 우리는 익히 알고 있다. 성공적인 상담을 위한 여러 환경 요소, 많은 상담 사례를 다룬 상담자의 경험과 노하우, 다양한 상담 기법과 전략 등이 있다 할지라도 이것들은 모두 외부 요소일 뿐이다. 상담과정 중에 청담자의 바람직한 성장을 돕는 조력자의 역할을 하려면 역시 청담자 내부의 동기, 즉 청담자 스스로 자신의 삶의 주인공이 되어 성장을 해 나가려는 내적 동기를 갖추도록 하는 것이 가장 우선된다.

하백이 현실을 인정하고 마음을 비웠을 때, 바다의 신인 약은 다음과 같이 말한다. "우물 안 개구리에게는 바다를 말해 줄 수 없다. 개구리는 공간의 구속을 받기 때문이다. 여름날 벌레에게는 얼음을 말해 줄 수 없다. 그 벌레는 시간의 제한을 받고 있기 때문이다. 편협한 선비에게는 도를 말해 줄 수 없다. 예속의 속박을 받고 있기 때문이다. 지금 너는 강줄기에서 벗어나 큰 바다를 보고서 자신이 초라한지를 알았다. 이제야 비로소 너에게 큰 도의 이치를 말해줄 수 있겠다."(푸페이룽 지음, 심의용 옮김, 2013, pp. 40-41)

상담자 약은 청담자 하백이 '자신이 초라한지를 알았을 때', 즉 마음 비우기가 이루어졌을 때 비로소 큰 도의 이치를 말해 주기 위한 상담의 본 과정으로 입문한다.

상담을 위한 첫 단계는 내적 성장 동기의 유발을 위한 청담자의 '마음 비우기'에 있다. 특히 현실 회피나 현실 부정 등과 같이 마음의 준비가 되어 있지 않은 청담자, 부모의 손에 이끌려 억지로 끌려온 청담자, 화백과 같이 자기 잘난 멋에 살고 있어 주변의 이야기가 귀에 들리지 않는 교만한 청담자에겐 무엇보다 마음 비우기가 필수적이다.

필자가 경험한 바로도, 실제 학교 현장에서 이루어지는 집단 혹은 개인 상담에서 마음 비우기가 이루어지지 않은 학생들과 상담을 시작하는 것은 너무나 많은 어려움이 있다.

2) 장자 상담의 과정, 전체를 바라보는 안목 갖기

『장자(莊子)』의 「제물론(齊物論)」에는 유명한 조삼모사(朝三暮四)의 우화(寓話)가 등장한다.

원숭이를 기르던 어떤 사람이 밤송이를 가지고 원숭이를 부르며 아침에는 세 알, 저녁에는 네 알이다 했더니 원숭이들이 화를 냈다. 그래서 말을 바꿔 그럼 아침에 네 알, 저녁에 세 알이다 했더니 원숭이들이 모두 좋아했다. 이름도 실제도 바뀐 적이 없는데 이렇게 하자 원숭이들의 즐거움과 분노를 좌지우지했다. 이것이 바로 현실 상황에 따라 행하는 것이 아니겠는가?(푸페이룽 지음, 심의용 옮김, 2013, p. 53)

우화는 단 하나의 해석만이 존재하는 것이 아니라 해석과 이해 그리고 적용에서 각각의 자유로움이 허락되는 매력이 있다. 조삼모사의 우화를 상담학적인 관점에서 바라보면, 원숭이의 미련함을 일깨우는 것만 아니라 상담의 진행과정에서 시사하는 바를 찾을 수 있다.

'마음 비우기'를 통해 성장을 위한 내적 동기를 가지고 상담과정에 입문한 청담자는 상담과정을 통해 삶 전체를 바라보는 안목을 가져야 한다. 상담자와의 만남, 즉 상담관계가 형성된다 할지라도 청담자가 현재의 상황만을 바라보는 시각을 고수한다면, 청담자의 성장을 기대하기에는 무리가 있다. 따라서 청담자는 현재의 상황만으로 판단하는 좁은 시각을 버리고 자신의 바람직한 성장을 위해 '전체'를 바라보는 안목을 가져야 한다.

장자는 우리에게 '아침에 3이고 저녁에 4라 해도 합은 7이요, 아침에 4이고 저녁에 3이라 해도 전체는 역시 7' 임을 일깨워 주고 있다. 이것이 우리에게 필요한

'부분을 벗어나 전체를 바라보는 시각'이며, 바로 '도
(道)'인 것이다. 도의 관점에서 보면 만물이 모두 통하
여 하나라는 사실을 기억하면서, 우리는 삶의 과정을
'3'과 '4'로 나누어 볼 것이 아니라 '7', 즉 전체로 바
라보아야 한다.

덧붙여 '4'를 가지고 있는 타인과 달리 나는 현재
'3'을 가졌음에 불안하고 초조해하는 것, 반대로 '3'
을 가진 타인에 비해 현재 '4'를 가진 자신의 모습에
교만하여 타인을 무시하는 것과 같이 자신은 물론 타
인의 성장에도 부정적 영향을 미치는 이러한 사고들
역시 전체를 바라보는 관점에서 버려야 한다.

또한 조삼모사의 우화는 상담과정에서 상담자에게
시사하는 점이 있다. 즉, 청담자 현재의 모습이 이전에
경험한 다른 청담자의 '4'와 달리 비록 '3'을 보일지
라도, 포기하거나 단정 짓는 것이 아니라 도라는 가능
성을 가진 인간으로서 전체는 모두 동일하다는 생각을
가져야 한다는 것이다. 이를 통해 상담자는 아직 미처
발견하지 못했거나 성장하지 못하고 있는 '4', 청담자

의 숨겨진 가능성인 '4'를 찾을 수 있도록 상담과정에서 조력하는 자세가 필요하다.

조삼모사의 우화가 상담에 시사하는 바를 정리하면 다음과 같다.

청담자는 상담과정을 통해 삶 전체를 바라보는 안목의 중요성과 필요를 깨달아야 하고 상담자는 청담자의 숨겨진 가능성인 '도'를 기억하여 청담자 전체를 바라보는 안목을 지녀야 한다.

3) 장자 상담의 끝, 소요유의 삶을 살기

"상담의 끝(終)은 언제일까?" "상담의 종료 시점은 언제가 적합할까?"와 같은 질문의 답은 상담의 주인공이 청담자임을 생각해 볼 때 청담자의 변화된 정도에 달려 있다고 할 수 있다.

청담자가 상담자를 찾아오는 이유는 제각각이지만, 공통점을 찾아보면 대부분이 무엇인가에 의존하고 있다는 점을 들 수 있다. 물론 청담자가 의존하는 대상은 모두 제각각이다. 그것은 사물일 수도 있고 사람일 수도 있으며 정신일 수도 있다. 사물은 많은 돈, 좋은 자동차, 넓은 집, 명품 등을 포함할 수 있고, 사람은 자식, 부모, 친구 등을 포함할 수 있다. 그리고 정신은 승부욕과 명예욕, 지위나 직책에 대한 욕심, 과시욕, 고집, 아집은 물론 종교까지도 포함할 수 있다.

물론 인간이 사회적 동물이라는 점에서, 혼자 살아갈 수는 없기 때문에 많은 사람과 관계를 맺으며 서로 도움을 주고받는 것은 당연한 일이다.

하지만 건강한 관계, 즉 서로가 주체적으로 일대일의 관계를 맺는 것이 아니라, 어느 한쪽의 주체성과 자율성이 사라질 정도로 '의존'적 관계를 맺는 것은 개인을 타율적이고 수동적으로 살아가게 한다. 상담과정에서 청담자가 이와 같은 '의존'의 모습을 버리지 못한다면 청담자의 바람직한 성장은 불가능하다.

의존하는 것은 곧 자신의 정체성을 부인하는 것과 같다. 선택의 순간에 자신이 아닌 타인의 시각에서 결정된 것을 그대로 시행하게 되고, 스스로의 눈과 귀로 뻔히 경험한 문제임에도 이를 부정하고 타인의 경험을 더욱 믿고 의지하게 되는 것은 곧 스스로도 자신을 믿지 못하고 있음을 나타내는 증거라 할 수 있다. 스스로 자기 자신을 믿지 못한다는 것은 이미 '자기 자신'과의 관계 설정이 잘못되었음을 뜻하며, 이는 청담자 자신의 성장을 저해한다.

따라서 상담의 최종 목표가 "인격적 만남을 통해 생활 세계 곳곳에서 청담자의 바람직한 성장을 돕는 것"(박성희, 2007b)이라면, 상담자는 청담자가 외부 요인에 의존하여 자신을 믿지 못하고 정체성까지 잃어버리는 상황에서 벗어나도록 도와야 한다. 상담의 종료 시점에서는 청담자 스스로의 의지에 의한 '바람직한 성장'이 지속 가능해야 하는 것이 당연하다.

그렇다면 이와 같은 '바람직한 성장'이 지속되는 청담자의 모습은 어떻게 표현할 수 있을까?

여기에서 '의지하는 처지'로 번역하는 말이 바로 '유대(有待)'라는 말입니다. 「소요유」편에서 최고의 경지인 '무대(無待)라는 말과 관련되는 말입니다. '무대'는 바로 해석하면 '아무것에도 의존하지 않는 자유로운 경지' 입니다. …… 온 세상 사람들이 칭찬해도 특별히 더 애쓰려 하지 않으며 온 세상 사람들이 비난해도 특별히 더 기가 꺾이지 않는다(푸페이룽 지음, 심의용 옮김, 2013, pp. 137-138).

소요유(逍遙遊)란, '의지하는 것이 없이 영원한 정신 세계에서 자유롭게 노닌다.' (심규호 옮김, 2011, p. 63)는 것을 의미한다. 이러한 소요유의 삶을 살아가기를 권하는 장자에게서 상담이 종료되는 시점의 청담자의 모습을 살펴볼 수 있다.

이제까지 자신을 괴롭혀 왔던, 바람직한 성장을 방해해 왔던 '무언가에 대한 의존'에서 벗어나 자유로운 경지에 도달한 모습, 즉 소요유가 바로 청담자의 최종 모습이다. 심지어 청담자가 수차례의 회기를 거치며 자신에게 공감하며 진정성 있는 모습으로 상담과정에 임하여 마치 자신의 분신과 같은 존재였던 상담자에게도 의존하지 않고 벗어나는 모습을 갖추었을 때, 바로 그때가 상담의 종료 시점이자 청담자의 주체적인 성장이 지속 가능한 시점이라 할 수 있다.

'의존에서 벗어난' 청담자는 '무대'의 경지에 올라 온 세상 사람들이 칭찬해도 특별히 더 애쓰지 않으므로 명예욕과 과시욕 등에서 자유로울 수 있고, 온 세상 사람들이 비난해도 자신을 부끄러워하거나 자존감이 낮아지지 않으므로 최종적으로는 자신의 상황과 위치에서 소요유할 수 있게 된다.

상담의 진행 과정(단계)	시작(始)	상담과정(中)	종료(終)
단계 내 청담자 모습	마음 비우기	(청담자와 상담자 모두) 전체를 바라보는 안목 갖기 (청담자는 좁은 시각으로부터, 상담자는 청담자를 대할 때)	소요유의 삶 살기
단계 종료 후 청담자 모습	상담 참여와 관련 내적 동기 유발	청담자와 상담자는 청담자에게 내재된 도(가능성) 발견	어느 것에도 의지하지 않는 (구속받지 않는) 주체적인 성장

[그림 8-1] 장자의 사상을 적용한 상담과정

이처럼 장자의 사상을 적용한 상담과정에서 각 단계
별 청담자의 모습과 각 단계가 종료될 때의 청담자의
모습을 정리하면 [그림 8-1]과 같다.

2. 장자 상담의 적용

1) 생활지도

『장자(莊子)』의 「양생주(養生主)」 편에는 다음과 같
은 글귀가 있다.

澤雉十步一啄, 百步一食, 不蘄畜乎樊中
택치십보일탁, 백보일식, 불기축호번중

이에 대한 해석은 "못가의 꿩은 열 걸음 옮겨야 먹이
를 한 번 쫄 수 있고, 백 걸음을 옮겨야 겨우 목을 축일
수 있다. 그런데도 새장에서 양육되기를 바라지 않는
다."(이인호, 2007, p. 96)와 같다.

상담학적인 관점에서 바라보면, 새장이라는 좁고 답답한 공간은 '억압받고 구속되는 상황' 혹은 부모나 교사 등 타인에 의한 '과도한 간섭과 강요'의 비유적 표현이라 할 수 있다. 하지만 이러한 '새장'은 모두 장자의 입장에서 인위(人爲)적인 것으로, 무의미하고 지양해야 할 것들이다.

때때로 부모나 교사의 지도와 관심이 자녀와 학생들에게는 '새장'과 같이 부정적 의미로 다가올 수 있음을 유념해야 한다. 학생들은 '새장'을 어른들이 살아온 구시대적인 생각과 고정관념, 일방적인 가르침에 의한 강요라고 생각할 수 있기 때문이다.

장자는 「천지(天地)」편에서 다시 한 번 새장 이야기를 언급하고 있다.

夫得者困 可以爲得乎? 則鳩鴞之在於籠也 亦可以爲得矣.
얻었지만 속박당한다면 과연 얻었다고 할 수 있겠는가?
새장 속의 비둘기와 부엉이, 그들은 행복을 얻었는가.

(이인호, 2007, p. 102)

이 이야기를 학생의 생활지도 측면에서 살펴 해석해
보자.

"교사와 학부모의 등쌀에 못 이겨 강요에 의해 변한
것이라면, 그것도 잠시 변한 것이라면, 진정 과연 스스
로 변한 것이라고, 온전히 변한 것이라고 할 수 있겠는
가? 자신(청담자)의 자발성이 아닌 어른(상담자)의 강압
에 의해 학생(청담자)은 행복을 얻었는가?"

> 鳧脛雖短, 續之則憂. 鶴脛雖長, 斷之則悲. 故性長非所斷,
> 性短非所續, 無所去憂也.
> 부경수단, 속지즉우. 학경수장, 단지즉비. 고성장비소단,
> 성단비소속, 무소거우야.
>
> 오리 다리가 숏다리라고 늘이려 하지 말라. 학 다리가
> 롱다리라고 줄이려 하지 말라. 짧은 놈은 짧은 까닭이 있
> 고, 긴 놈은 긴 까닭이 있다. 늘이려고 줄이려고 괜한 짓
> 하지 마라.
>
> 『장자(莊子)』「변무(駢拇)」, 이인호, 2007, p. 136)

앞서 장자의 '표현하는 수용'을 통해 밝혔듯이 청담

자(학생)의 모습을 스스로 돌아볼 수 있도록 하기 위해서는 상담자가 청담자(학생)에게 가능성이 내재되어 있음을 깨닫고 조력하는 입장에서 생활지도를 해야 한다. 과도한 스트레스를 받으며 생활하는 오늘날의 학생들에게 장자의 '도'가 던지는 메시지는 분명하다. 학생들의 삶 속에서 스스로 자유로움을 깨닫게 하는 것, 바로 소요유의 즐거움을 맛보게 하는 것이 생활지도의 첫 출발이 되어야 한다.

2) 자존감이 낮은 학생

우리 학생들은 숨 막힐 듯한 경쟁사회에 일찍부터 노출되어 왔다. 경쟁의 무대에 서는 것 자체도 스트레스를 받는 일이지만, 경쟁에 뒤따르는 평가의 결과로 줄 세워지는 것은 학생들에게 더 큰 스트레스로 다가온다. 이러한 줄 세우기가 가져오는 비교와 차별로 인해 낮은 자존감을 가지고 있는 학생들을 주위에서 어렵지 않게 발견할 수 있다.

외부의 시선, 타인으로부터의 평가에 자신의 정체성

과 가치를 판단하고, 심지어는 상실하기까지 하는 학생들에게 상담에서 가장 우선적으로 초점을 맞추어야 할 것은 자기 자신의 평가를 가장 중요시하는 인식의 전환이다.

「산목(山木)」편의 첫머리에 다음과 같은 이야기가 나온다.

> 장자가 산속을 걸어갈 때 큰 나무를 보았는데 잎과 가지가 무성하였다. 한 나무꾼이 그 나무 곁에서 휴식을 취하면서도 그 나무를 베려 하지 않았다. 장자가 그 이유를 물었더니 그 나무꾼이 말했다. "저 나무는 어디에도 쓸데가 없습니다." 장자가 제자들에게 말했다. "저 나무는 재목감이 되지 않기 때문에 완전한 수명을 누릴 수가 있다."(푸페이룽 지음, 심의용 옮김, 2013, p. 206)

인식의 전환은 '무용(無用)'을 '생명의 보전'으로 탈바꿈시키는 극적인 대반전을 이끈다. 마찬가지로 가치를 높이기 위해 자신의 본래 성향과 모습을 왜곡하여 새롭게 무엇을 만들거나 추가로 덧붙이는 수고로움도

덜 수 있다.

이처럼 자존감이 낮은 학생들에게 외부의 어떤 시선과 평가에도 의존하지 않고 자신의 내면 모든 것을 소중하게 여기도록 하려면, 타인이 아닌 자신을 향하는 스스로의 시선에 민감하게 반응하도록 하는 인식의 전환이 필요하다.

앞서 소개했던 「소요유」 편에 등장하는 이야기를 다시 한번 살펴보자.

혜시가 장자에게 말했다. "위나라 왕이 큰 박씨를 주기에 그것을 심었더니, 자라나서 5석이나 들어갈 정도의 큰 열매가 열렸소. 물을 담자니 무거워 들 수가 없고 둘로 쪼개어 바가지로 쓰자니 납작해서 아무것도 담을 수가 없었소. 확실히 크기는 컸지만 쓸모가 없어서 부숴 버리고 말았소." 장자가 말했다.

"선생은 큰 것을 사용하는 방법이 매우 서툴군요. 송나라에 손 안 트는 약을 잘 만드는 사람이 있었는데 그는 그 약을 발라 가며 대대로 솜을 물에 빠는 일을 가업으로 삼아 왔소. 한 나그네가 그 소문을 듣고 약 만드는 기술을 백금에 사겠다고 말하자, 친척을 모아 의논하기를 '우리는 솜 빼는 일을 대대로 해 오고 있지만 고작 몇 푼을 벌 뿐이다. 이 기술을 팔면 하루아침에 백금이 들어오니 팔도록 하자.' 하였다오. 이 나그네는 약 만드는 비법을 가지고 오나라 왕을 찾아가 설득했소. 월나라가 오나라에 쳐들어오자 오나라 왕은 이 사람을 장군으로 삼아, 겨울에 월나라 군대와 수전을 하여 적을 크게 무찔렀소. 오나라 왕은 공을 치하하여 그에게 땅을 나누어 주었소." 이어서 장자가 말했다. "손을 트지 않게 하기 위해서 사용하는 약은 같소. 그러나 어떤 사람은 땅을 받아 영주가 되고 어떤 사람은 계속 솜 빼는 일에서 벗어나지 못하오. 지금 당신은 5석이나 들어갈 정도로 큰 박이 있는데 어째서 이걸로 커다란 통 배를 만들어 강이나 호수 위에서 타고 노닐려 하지 않고, 납작하여 아무것도 담을 수 없다는 것만을 걱정하시오. 선생의 마음은 꽉 막혀 있군요."(푸페이룽 지음, 심의용 옮김, 2013, pp. 202-203)

'인식의 전환'은 타인으로부터의 자신을 향한 기존의 평가를 바꾸고 세상을 바라보는 눈을 바꾸어 버린다. 세상을 바라보는 눈을 바꾼다는 것은 이전과는 다른 제2의 삶을 살 수 있음을 의미한다. 상담자는 낮은 자존감을 가지고 있는 학생(청담자)이 인식의 전환을 통해 모든 사람에게 잠재적 가능성(장자는 이를 내재되어 있는 도로 표현)이 있음을 깨닫도록 도와야 한다.

앞서 밝혔듯이 진정한 양생주(養生主)의 길이란 마음의 양생주에 있음과 함께 우리의 삶에서 응제왕(應帝王)이란, 바로 자기 자신임을 기억하는 것 역시 낮은 자존감을 가진 청담자에겐 가장 중요한 것들이다. 물론 이 두 가지 모두는 인식의 전환이 일어날 때 가능하다.

3) 부모 상담

앞서 『장자(莊子)』의 「소요유」 편을 통해 곤(鯤)이 대붕(大鵬)으로 변화하는 과정에서 바람을 예로 들며 만남의 중요성과 그 의미를 설명하였다. 상담학적인 관점에서 이 우화를 좀 더 살펴보면, 작은 물고기가 커다란 물고기 곤으로 변화한 후, 다시 커다란 대붕으로 변화하여 높은 하늘로 올라가는 과정은 자녀를 양육하는 부모에게 상담적 의미를 제공한다.

그러므로 구만리를 올라가야만 바람이 그 아래에 있다. 그런 뒤에야 바람을 타고, 푸른 하늘을 등지며, 막는 것이 없어진다. 그런 뒤에야 남쪽으로 가기를 시도한다. 그런데 매미와 비둘기가 비웃으며 말했다. "우리들은 힘을 내어 날면 느릅나무나 다목나무에 도달하여 멈추기도 하지만, 때로는 도달하지 못하고 땅에 떨어지기도 할 뿐이다. 구만리를 올라가 남쪽으로 가서 무엇을 한단 말인가?"(이기동 역해, 2008, p. 45)

일차원적인 사고를 가지고 눈앞의 만족을 쫓는 매미나 비둘기의 모습과 높은 차원의 삶을 살고자 하는 큰 뜻을 품은 붕(鵬)새의 모습을 비교할 때, 모든 부모의 마음은 자녀가 붕새와 같은 삶을 살기를 원한다. 반면, 자녀들은 발달과정에서 나타나는 특성상 성인에 비해 사고 및 판단력이 다소 어리숙하므로 눈앞의 만족을 쫓는 경우도 발생한다. 다시 말해, 부모의 생각(붕새)을 이해하지 못하는 자녀들의 사고방식은 매미나 비둘기의 생각과 그 수준이 비슷하다 할 수 있다.

첫째, 자녀를 '붕새'로 양육하고자 하는 부모는 '바람'과 같은 존재가 되어야 한다. 바람이 준비가 되어야 붕새는 남쪽으로 가기를 시도하는 것처럼, 부모의 끝없는 사랑과 지원이 무르익어야 자녀는 붕새의 날개를 펼 수 있다.

둘째, 구만리를 올라가야만 바람을 만나듯, 자녀가 변화하는 데 오랜 시간이 걸리더라도 참고 묵묵히 지켜봐 주는 부모의 기다림 역시 필수적이다.

「인간세(人間世)」편에서도 자녀 양육과 관련한 내용을 찾을 수 있다.

대저 말을 사랑하는 사람은 광주리로 말의 똥을 받아내고 값비싼 조개껍질로 오줌을 받아냅니다. 그러다가 마침 모기나 등에가 붙어서 불시에 손으로 치면 그 말은 재갈을 부수고 주인의 머리를 치고 가슴을 부술 것입니다. 말을 사랑하는 뜻은 지극했지만 사랑하는 방법에 문제가 있었기 때문입니다. 그러니 조심하지 않을 수 있겠습니까?(이기동 역해, 2008, pp. 232-233)

셋째, 자녀 양육에 있어 가장 중요한 것은 부모와 자녀가 서로 하나가 되는 것이다. 이를 위해서 부모는 먼저 자신의 마음을 비울 수 있어야 한다. 자식에게 무언가를 기대하거나 요구하는 마음은 이미 장자의 사상으로 볼 때는 인위적인 것이요, 무의미한 것들이다. 부모가 자녀와 진정으로 하나가 되기 위해서는 자녀의 존재와 그 가능성을 믿고 자유로이 놓아두어야 한다. 앞서 제시한 집착에 가까운 사랑과 과보호는 언젠가 자녀는 물론 부모에게까지 피해를 입힐 수 있다.

4) 학급 상담

30여 명의 학생이 모인 학급은 작은 사회라고 할 수 있다. 이러한 '작은 사회'의 구성원들은 개인 경험의 폭과 깊이, 성격 혹은 성향, 이해력의 차이, 가치관, 버릇이나 습관 등 어느 것 하나 같은 것이 없다. 실상이 이러다 보니 학생들 간의 의견 충돌로 인한 소소한 다툼들로 교실은 하루라도 조용할 날이 없다. '나'의 생각만이 옳은 아이, 친구의 물건은 어떻게 되든 자신의 물건만 소중하고 아까운 아이, 친구의 감정은 어떤지 모르고 자신의 감정만 내세우는 아이들을 데리고 한 해 동안 학급을 경영하는 것은 모든 교사의 걱정거리이자 주된 관심거리다.

친구 간에 서로 배려해 주고 이해해 주는 학급, 이기적인 마음과 자기중심적인 사고방식에서 벗어나 협력하는 학급을 꿈꾼다면, 그 해답은 장자에 있다. 학생들의 내면(정신)을 변화시키고자 하고, 모두가 함께 살아가는 존재임을 이해하도록 하며, 일상에서 경험하는 만남의 연속이 '나와 너'의 관계가 아닌 '우리'의 만남이자 '동체(同體)'의 만남임을 학생들이 스스로 깨닫도록 하는 것은 장자의 사상으로 모두 설명이 가능한 것들이기 때문이다.

학급 경영 및 학교폭력 예방 등을 위한 교사의 지도의 바탕에 있어 장자 철학이 시사하는 바는 매우 크다. 도의 사상을 바탕으로 '모두가 통하는, 하나가 되는 세계'라는 장자의 '제물론'은 자아의 관점을 초월하여 동체적 만남으로 친구들을 대하는 학급으로 변화시킬 수 있다. 학급의 구성원들을 모두 나와 연결된 친구로 여기는 방법은 바로 모든 사물, 즉 만물이 다 '벗' 임을 깨닫는 제물론에 있다.

5) 진로 상담

혜자가 장자에게 말했다. "위나라 왕이 나에게 큰 박의 씨를 주기에 심어 길렀더니 열매가 다섯 섬이 들어갈 정도로 커졌다. 물이나 된장을 담으면 무거워 들 수가 없고 쪼개어 표주박을 만들면 납작하여 담을 수가 없다. 엄청나게 크기는 하지만 쓸 데가 없어 깨어 버렸다." 이 말을 들은 장자는 다음과 같이 말했다. …… "어떤 사람은 그것으로 영주가 되었고 어떤 사람은 그것으로 솜 빨래하는 일에서 헤어나지 못했으니 쓰는 용도가 달랐기 때문이다. 지금 그대가 다섯 섬이나 들어가는 큰 박이 있다면 큰 통을 만들어서 강이나 호수에 띄울 생각은 하지 않고 어찌 납작하여 담을 수 없다고 걱정을 하는가."(이기동 역해, 2008, pp. 67-68)

이 혜시와 장자의 대화는 자녀의 진로에 많은 관심

을 가지고 있는 학부모들과 진로교육에 매진하는 여러 교사에게 도움이 되는 장자의 메시지를 담고 있다.

혜시는 '박'을 보고 '박'이라 하고 있지만 여기에는 두 가지 간과한 사실이 있다.

첫째, 혜시는 '박'을 '박'으로밖에 보지 못하는 고정 관념을 가지고 있다. 혜시와 같이 고정관념에서 벗어나지 못하는 모습을 가진 교사와 학부모는 학생의 관심사와 목표가 자신의 그것과 다르면 잘못되었으며 실패한 것이라고 재단해 버리는 실수를 범하고 만다.

둘째, 박의 개별적인 특성과 자질을 찾는 데 소홀히 하고 있다. 빠르게 시대가 변하고 문화가 바뀌는 사회에서 학생들의 개성을 존중하며 장점을 살릴 수 있는 분야를 찾아 정보를 제공하는 것은 교사와 학부모의 몫이다. 학생들은 아직 사회 경험이 부족하고 세상을 바라보는 안목이 자신의 관심사 내(內)에서 형성되어 정보가 부족하기 때문이다. 따라서 바가지가 아닌 길(다른 목표)을 가고자 하는 학생(박)에겐 학생(박)의 장단점과 숨어 있는 자질을 먼저 살펴보고, 개별적인 특성에 맞는 쓰임, 분야를 찾아 정보를 제공하여 도움을 주는 것이 중요하다. 장자처럼 청담자(박)가 지닌 장점과 개성을 존중하고 청담자(박)의 특성에 맞는 쓰임을 찾도록 도와주는 것이 상담자의 존재 이유다.

6) 심재와 좌망의 자기 상담법

살다 보면 모두가 삶의 고비를 경험하고 어려움을 만나 방황하기도 한다. 일생 동안 고통받고 상처받는 삶이 전혀 없으리라는 보장은 아무도 할 수 없다. 때로는 이와 같은 고통의 순간에서 다행스럽게도 좋은 상담자로서 친구와 부모, 지인과의 인격적 만남을 통해 바람직한 변화와 성장을 경험할 수도 있지만, 이러한 만남들이 언제나 자신의 삶에서 계속될 수 있으리라는 보장 역시 아무도 할 수가 없다.

장자의 입장에서 보면 잘못된 삶을 사는 사람, 고통에 빠진 사람들은 모두 '도'를 잃어버린 사람으로, 인위적인 것들에 의해 소요유하지 못하는 사람이라 할 수 있다.

사람이 '나'라는 의식이 생기면 만물을 자연의 모습대로 보지 못하고 자기를 기준으로 보게 되는 오류를 범한다. …… '자기'라는 의식을 버리고 '자기'라는 기준에서 벗어나야 모든 것은 본래의 모습을 드러낼 것이다. 그 본래의 모습으로 돌아갈 때 진정한 평화에 도달할 수 있다(이기동 역해, 2008, pp. 123-124).

이 문단을 다시 풀이하면 '나'라는 의식이 생기는 것 자체가 이미 도를 잊어버려 타인과의 구별이 생기는 것을 말하며 곧 자연(自然)의 본성을 떠난 인위에 해당하는 것으로 다시 본래의 모습, 즉 자연의 상태인 '무위(無爲)'로 돌아가야 함을 강조하고 있다.

이런 점에서 보면 자신의 삶의 전 과정에서 도의 의미를 끊임없이 되새김하여 건강한 자아로 회귀할 수 있는 지속 가능한 상담이 필요하다. 이에 해당하는 것으로 장자의 '심재(心齋)'와 '좌망(坐忘)'을 살펴볼 필요가 있다.

「인간세」 편에서 위나라 왕의 독재정치를 보고 위나라 왕을 깨닫게 해 주겠다는 마음을 가지고 떠나고자 하는 안회가 등장한다. 장자는 공자를 등장시켜 안회를 말리는 대화를 통해 심재가 무엇인지 설명하고 있다.

"무엇이 심재인지 여쭙겠습니다." 안회가 묻자 공자가 대답했다. "마음과 뜻을 전일하게 하여 귀로 듣지 말고 마음으로 듣도록 해야 한다. 다음으로 마음으로 체득하지 말고 기(氣)로 감응해야 한다. 듣는 것은 귀에서 멈추고(귀는 소리를 들을 뿐이다), 마음은 부합하는 것에서 그친다(마음은 현상에 감응하는 것일 따름이다). 그러나 기는 공명(空明, 텅 비고 밝음)하여 외물을 모두 받아들일 수 있다. 도는 오직 텅 빈 곳에 모이기 마련이다. 텅 비도록 하는 것이 바로 심재다."(완샤 풀어씀, 심규호 옮김, 2011, p. 149)

「인간세」 편에서 언급되는 심재는 명예나 지식을 다투는 마음을 버리고 자신의 심경을 맑고 밝게 비추는 경지다. 다시 말해, 고요하고 텅 빈 상태, 즉 욕심을 버리는 것으로서 자신에 대한 집착과 사물에 대한 욕심도 버리는 것을 의미한다. 집착과 욕심을 버리면 그 어떤 것도 소요유의 삶을 방해할 수 없다.

또한 장자는 「대종사(大宗師)」 편에서 공자와 안회의 대화를 통해 좌망이 무엇인가에 대해 언급하고 있다.

어느 날 안회가 말했다. "제 공부에 진전이 있습니다." 이에 공자가 말했다. "무슨 말인가?" 안회가 대답했다. "저는 인의를 잊었습니다." "그래, 하지만 아직 미흡하다." 안회가 얼마 뒤 다시 공자에게 말했다. "공부에 진전이 있습니다." "그래, 어떠하냐?" "저는 예악을 잊었습니다." "됐다. 그러나 여전히 부족하다." 다시 얼마 뒤 안회가 말했다. "저는 얻은 바가 있습니다." "그래, 어떠하냐?" "저는 좌망했습니다." 이에 공자는 얼굴빛을 고쳐 물었다. "좌망이라니?" 안회가 대답했다. "손발과 몸이 무너지고 앎이 사라졌습니다. 또 육신을 떠나고 분별을 버려 안팎으로 크게 통하게 되었습니다. 이를 좌망이라 일컫습니다." 이에 공자가 말했다. "도와 하나가 되면 좋아함과 싫어함이 없어지고, 무심하게 변화에 따르면 막히지 않게 되지. 그대는 참으로 훌륭하다. 나도 그대를 따르겠다."(안희진 옮김, 2013, pp. 102-103)

지식을 쌓는 공부가 아니라, 이미 알고 있고 가지고 있는 관념과 고정의식을 버리는 공부다. 장자는 이를 '좌망(坐忘)'이라고 표현한다(정용선, 2012, p. 374).

도는 별도의 외부에 존재하는 어떤 것이 아니라 본래 우리 안에 내재되어 있는 것이다. '유의적인 사유의 덮개', 즉 인위적인 요소들이 마음의 작용인 도를 가릴 때, 우리는 온갖 근심과 걱정 그리고 스트레스 상황에서 인위의 삶을 살아가는 것이다.

자기(自己) 상담은 나(청담자)와 너(상담자)가 만나는 것이 아니라, 나(삶의 모습)와 나(정신, 인격)가 만나 '심재'하며 '좌망'함으로써 바람직한 성장을 돕는 '평생에 지속 가능한' 상담이라 할 수 있다. 장자의 자기(自己) 상담은 청담자에게 이미 존재하지만, 다른 외부적인 요소에 의하여 잠시 덮여 있거나 의식하지 못하는 것, 가리어 있는 것 등을 스스로의 힘으로 회복시켜 자연스러운 삶을 살게 하는 것에 있다. 즉, 심재와 좌망은 모두 내면의 변화에 관심을 갖는 자기 상담 방법이다.

7) 인성 교육

장자는 인간의 본성을 인간과 만물이 서로 통할 수 있으며 더불어 만물의 조화를 조정하면서 도의 중심을 지키는 것이라 본다. …… 이러한 것을 미루어 볼 때 장자의 교육은 오늘날 필요로 하는 인간성 함양을 목적으로 하는 인성 교육적 측면이 있다(박옥영, 2011, p. 21).

장자의 사상은 내면, 즉 마음의 자유함을 강조하는 인간 중심의 철학이다. 또한 '나'가 아니라 '우리 모두'를 연결된 '하나'로 바라보는 무차별의 철학이며 만물 어디에나 있어 통할 수 있는 소통의 철학이자 어느 누구나 도를 내재하여 변화의 가능성을 지니고 있는 성장의 철학이다. 이와 같은 점들은 인성 교육을 위한 기본 토대가 되기에 부족함이 없다.

특히 장자가 살았던 전국시대(戰國時代) 역시 오늘날 우리 사회와 같이 도덕적으로 매우 혼란한 시기였음을 고려한다면 인간의 본성 회복을 추구하였던 장자의 사상은 인성 교육을 위한 최적의 원전이라 할 수 있다. 따라서 장자 철학을 인성 교육과 접목시키고자 하는 노력은 매우 의미가 있다. 인성 교육과 장자 철학과의 연결고리는 〈표 8-1〉과 같다.

〈표 8-1〉 장자 철학과 인성 교육과의 연결 고리

장자 철학의 주요 개념	뜻	장자 철학과의 연결고리 (분야 및 기대되는 효과)
만물의 근원인 도	보편성과 절대성	평등, 개성 존중, 소통, 자존감 향상 등
변화의 원동력인 도	스스로 변화하는 원동력 및 내재된 가능성	모든 이에게 내재된 가능성의 인정, 자존감 향상, 청담자를 향한 상담자의 자세 등
제물론	획일의 하나가 아닌 다양한 존재의 차별 없는 조화로서 하나	동식물을 포함한 환경보호, 이기주의 탈피, 유대감 향상, 세상을 바라보는 안목의 넓어짐, 타인과의 조화와 균형 등
심재와 좌망	마음의 수양을 통해 도의 경지에 이름	인간관계, 자존감, 평등, 자정(自正) 등
지인	도의 경지에 이른 사람	타인(만물)과의 조화를 이루며 소요유의 삶을 살아감

〈표 8-1〉을 통해 장자 철학이 인성 교육에 다양하게 활용될 수 있음을 확인할 수 있다. 장자는 인간 사회 및 인간 내면의 문제에 많은 관심을 가진 철학자이자 상담자였기에, 장자의 주요 사상이 오늘날 우리 사회의 인성 교육에 시사하는 바를 눈여겨볼 필요가 있다.

인간세란 사람이 사는 세상을 말한다. 함께 살면서 어떻게 살아야 마음 편히 사는가를 밝혀 주려는 것이 곧 「인간세」 편이다. 속세를 피해 홀로 사는 일은 쉽다. 오히려 함께 더불어 살면서도 마음 편히 사는 일이 더 어렵다(윤재근, 2013, p. 45).

함께 더불어 살면서 마음 편히 사는 법은 바로 인성 교육에 달려 있다. 장자 철학과 인성 교육과의 연결고리를 적용한 상담 프로그램 및 인성 교육 프로그램의 설계, 개발도 앞으로 관심을 가지고 살펴보아야 할 분야다.

8) 다문화 교육

다음은 『장자(莊子)』의 「제물론」에 등장하는 이야기로 해석은 다음과 같다.

民濕寢則腰疾偏死, 鰌然乎哉? 木處則惴慄恂懼, 猿猴然乎哉? 三者孰知正處?

民食芻豢, 麋鹿食薦, 蝍蛆甘帶, 鴟鴉嗜鼠, 四者孰知正味?

猨猵狙以爲雌, 麋與鹿交, 鰌與魚遊. 毛嬙麗姬, 人之所美也. 魚見之深入,

鳥見之高飛, 麋鹿見之決驟. 四者孰知天下之正色哉?

민습침즉요질편사, 추연호재? 목처즉췌율순구, 원후연호재? 삼자숙지정처?

민식추환, 미록식천, 즉저감대, 치아기서, 사자숙지정미?

원편저이위자, 미여록교, 추여어유. 모장려희, 인지소미야. 어견지심입,

조견지고비, 미록견지결취. 사자숙지천하지정색재?

(이강수, 이권 옮김, 2013, p. 144)

사람은 습한 데서 자면 허리 병에 걸리고 반신불수가 되어 죽지만 어디 미꾸라지도 그렇던가. 사람은 나무 위에

있으면 벌벌 떨지만 어디 원숭이도 그렇던가. 이 셋 중에 과연 어떤 것이 올바른 거처를 알고 있는 것일까? 사람은 소나 돼지 따위를 먹고, 순록은 풀을 먹고, 지네는 뱀을 먹고 올빼미는 쥐를 먹는다네. 이 넷 중에서 과연 어느 것이 올바른 맛을 알까? 사람들은 여희를 보고 모두 미인이라 하지만 물고기는 그녀를 보면 깊은 물속으로 숨어 버리고 순록은 달아나고 새는 높이 날아가 버린다네. 과연 이 넷 중에서 어느 것이 아름다움을 안다고 하겠는가?(윤재근, 2013, pp. 34-35)

비록 짧은 이야기지만 상담학적인 시각에서 바라보면 오늘날의 다문화 사회에 시사하는 바를 찾을 수 있다. 제물론의 세계에선 자신의 판단이 옳다고 확신할 수 없고 강요도 할 수 없다. 또한 '획일의 하나'가 아니라 다양한 각각의 존재의 '조화와 균형을 이룬 하나'를 추구한다. 이러한 장자의 철학은 다문화 사회에서 나타나는 많은 문제점을 극복할 수 있는 열쇠가 된다. 다음의 글 역시 다문화 사회와 관련된 의미로 살펴볼 수 있는 우화다.

장자는 「지락」편에서 공자의 입을 빌려 다음과 같이 말합니다.

"옛날 해조가 노나라 교외에 날아오자 노나라 제후가 이 새를 맞이하여 종묘 안에서 좋은 술을 마시게 하고 그를 위해 구소음악을 연주하게 했으며, 소, 양, 돼지를 갖추어 대접했다. 해조는 눈이 아찔해지면서 근심스럽고 슬퍼져 한 조각의 고기도 먹지 않고 한 잔의 술도 마시지 않고 사흘 만에 죽었다. 이것은 사람을 기르는 방법으로 새를 기른 것이지 새를 기르는 방법으로 새를 기른 것이 아니기 때문이다. 새를 기르는 방법으로 새를 기른다면 그 새를 깊은 숲에 살게 하고 물가에서 노닐게 하며 강이나 호수 위에 떠다니고 미꾸라지나 피라미를 먹게 하며 제 무리를 따라 자유롭게 살게 해야 한다."(푸페이룽 지음, 심의용 옮김, 2013, pp. 193-194)

이 우화에서처럼 다문화 사회에서는 일방적으로 한쪽 문화를 강요할 수 없다. 한쪽 문화를 강요하는 것 자체가 문화의 상대적 우열의 차이가 있음을 전제함과 동시에 한 개인의 정신적·육체적 모태가 되었던 기존의 문화를 상실하게 함이므로 바람직한 자아의 성장에도 부정적인 영향을 미칠 수 있다.

현재 우리 사회의 각급 학교에서는 다문화 가정의 학생들이 증가하고 있다. 이에 따라 학교에서는 다문화 학생의 적응 및 학교폭력 노출의 예방을 돕고자 전체 학생들을 대상으로 다문화 교육 주간을 시행하고 있다. 이와 같은 상황에서 앞으로는 장자의 사상을 접목한 다문화 상담 혹은 다문화 교육 프로그램을 개발하여 학생들의 바람직한 성장을 돕는 방안들도 연구해야 할 것이다. 얼핏 보아도 다문화 교육과 직접적으로 연관되는 앞서 제시한 두 가지 우화의 경우, 직접 우화를 읽고 학생들이 서로의 느낀 점을 공유하는 수업도 효과적인 다문화 교육 프로그램이 될 수 있다.

9) 상담자 장자의 모습 갖추기

『장자(莊子)』의 「응제왕(應帝王)」편에는 아주 유명한 우화가 등장한다.

남쪽 바다의 제왕은 숙(儵)이고 북쪽 바다의 제왕은 홀(忽)이고 중앙의 제왕은 혼돈이다. 숙과 홀이 때때로 혼돈의 땅에서 만났는데, 혼돈이 그들을 잘 대접하였다. 숙과 홀은 혼돈의 호의에 보답하고 싶어서 함께 상의하였다. "사람들은 일곱 개의 구멍이 있어서 보고 듣고 먹고 숨 쉬는데 이 혼돈에게만 그것이 없으니, 우리가 시험 삼아 뚫어 줍시다." 그리하여 하루에 한 개씩 뚫었더니 7일 만에 혼돈이 죽어 버렸다(푸페이룽 지음, 심의용 옮김, 2013, pp. 140-141).

이 우화를 상담적 관점에서 바라보자. 이 우화에는 상담자들이 자칫 간과하고 넘어갈 수 있지만, 사실은 상담과정에서 가장 조심스럽게 다루어야 할 내용이 숨어 있다. 이를 세부적으로 확인해 보면, 상담자가 하지 말아야 할 실수와 그 실수가 얼마나 참담한 결과를 가져오는지로 나눌 수 있다.

첫 번째, 홀(忽)과 숙(儵)이라는 두 상담자는 청담자(혼돈)가 그 누구와는 비교할 수 없는 '독자적인 존재'임을 간과하고 있다.

청담자는 자신의 바람직한 성장을 위해 도움을 얻고자 상담자를 찾아온 청담자 이전에 주체성과 개별성, 자율성을 가지고 있는 개성 넘치는 독자적인 존재다. 심지어 같은 가정환경에서 살아온 일란성 쌍둥이라 할지라도 각각의 성격은 서로 다른 법인데, 홀과 숙은 이를 무시하고 혼돈의 상태를 다른 사람들과 동일하게 만들고자 똑같은 처방을 하는 실수를 범하고 말았다.

> 사람들은 일곱 개의 구멍이 있어서 …… 혼돈에게만 그것이 없으니(푸페이룽 지음, 심의용 옮김, 2013, pp. 140-141).

대부분의 사람에게는 일곱 개의 구멍이 있지만, 상담자와 만나는 청담자에게는 여섯 개일 수도 있고 여덟 개일 수도 있다. 마찬가지로 대부분의 사람이 A라는 선택을 할지라도, 기계가 아니라 제각각의 삶을 살아가는 개별적 존재인 청담자에게는 A라는 선택이 반드시 동일한 효과를 가져다주지 않을 수 있다는 점을 상담자는 기억해야 한다. 이는 특히 많은 상담 사례를 가지고 있는 높은 경력의 매너리즘에 빠진 상담자들이 경계해야 할 모습이다.

둘째, 홀과 숙 두 상담자는 자신들이 사람을 대상으로 하는 '전문가'임을 간과하고 있다.

전문가는 그야말로 그 분야에서는 잔뼈가 굵은 사람으로 실수가 없어야 하고 '시험 삼아'란 없어야 한다. 그 '실수'가 이미 전문가와 아마추어를 구분하는 기준이기 때문이다. 특히 상담자는 사람, 즉 인격체를 대상으로 하기에 '시험 삼아'란 말 자체가 있어서도 안 되고 용납될 수도 없다.

하지만 앞의 상황에서 홀과 숙은 너무나 당연하다는 듯이, 다른 사람에게는 있는데 혼돈에게는 없으니 이는 '잘못되었다'는 단순하고도 편협한 생각을 가지고 구멍을 뚫었으며, 또한 그마저도 확실치 않은 자신 없는 상태에서, 즉 '시험 삼아' 구멍을 뚫어 버렸다.

'시험 삼아' 한 것이 혼돈의 죽음을 초래한 것처럼,

상담자는 한 개인을 '바람직한 성장'을 통해 제2의 삶으로 이끌 수도 있고 극단적으로는 죽음에 이르게 할 수도 있다. 때때로 상담자는 상담이 실패하면 청담자의 생명도 위태로워질 수 있는 책임감이 부여되는 자리이기도 하다. 청담자의 문제 상황을 극복하도록 도와 제2의 삶을 돕는, 생명을 불어넣어 줄 상담자가 될 것인가, 아니면 제각각의 모습을 가진 청담자에게 매너리즘에 빠져 똑같은 처방전을 내리며 별다른 고민과 노력 없이 '해 보고 안 되면 그만'이라는 마음인 '시험 삼아' 상담을 함으로써 청담자를 더욱 혼돈에 빠뜨리는 상담자가 될 것인가? 이 우화를 곱씹어 보아야 한다.

『장자(莊子)』 외편(外篇)의 「지락(至樂)」에 나오는 이야기를 하나 더 살펴보자.

옛날 어떤 바닷새 한 마리가 노(魯)나라 서울 교외에 날아와 앉았다. (그 새가 몹시 마음에 든) 노나라 제후는 (몸소) 찾아가 그 새를 맞이하여 종묘에서 술을 권했다. 그리고 (그 새를) 즐겁게 해 주려고 궁중음악을 연주해 주었고, 맛있게 먹게 하기 위해 소와 양과 돼지를 잡아 음식을 차려 주었다. 그러나 바닷새는 얼이 빠지고 근심과 슬픔에 잠겨 고기 한 점, 물 한 방울 먹지 못하고 사흘 만에 죽고 말았다(정용선, 2012, p. 75).

삶의 주인공은 타인이 아닌 바로 개개인의 '나'이고, 상담과정에서 주인공은 바로 '청담자'가 되어야 한다. 타인에게도 적용된 동일한 상담과정과 방법들이 이번 청담자에게도 역시 온전한 도움을 줄 것이라고 생각하는 것은 독자적이고 자율적인 존재인 '나'를 다른 사람들과 동일하게 여기는 잘못을 범하는 것이다.

상담의 대종사인 장자는 상담자에게 다음의 두 가지를 설명한다. 첫째, 청담자의 고유한 삶의 방식을 무시하지 않는 태도가 필요함을 강조한다. 둘째, 청담자의 있는 모습 그대로를 바라보고 존중하는 모습을 강조한다.

제물론의 사상처럼 '모든 존재가 동일한' 하나가 아

니라 '개별적인 존재들이 서로 연결된' 하나임을 이해
해야 하고, 따라서 상담자는 개인의 고유성, 개성을 존
중하면서 청담자가 세계, 즉 만물과 어울릴 수 있도록
도와야 한다. 상담자 장자는 '청담자를 그냥 있는 그대
로 바라봐 주기'를 통해 청담자를 상담과정에서 주인
공으로 존중해야 함을 일깨워 준다.

인격적인 만남을 통해서 사람의 변화에 도움을 주는 상
담은 사람들의 일상생활 곳곳에서 일어나는 현상이다. 아
침 식탁에서 아들과 의견을 나누는 아빠, 쉬는 시간에 친
구의 고민을 들어주는 청소년, 대학 입시에 실패한 딸을
끌어안는 엄마, 물건 값에 대한 정보를 교환하는 주부, 이
들은 모두 상담활동에 참여하고 있는 셈이다. 요컨대, 사
람과 사람이 만나서 무엇인가 인격적인 접촉을 하고 이를
통해 상대에게 도움을 제공하는 일이 벌어진다면 바로 거
기에 상담이 있다는 말이다(박성희, 2007: 권정현, 2014에
서 재인용).

상담을 이와 같이 정의하면 우리는 생활 속에서 모

두가 상담자인 셈이다. 따라서 장자가 강조한 상담자 모습을 갖추는 것은 우리 모두에게 필수적이다.

9

맺음말

　필자는 이 책을 통해 인식의 전환이 가져오는 내면의 자유함으로 소요유(逍遙遊)의 삶을 살기를 강조한 장자를 철학자뿐만 아니라 현대에 가장 적합하고 필요한 상담학적 의미를 제공해 주는 뛰어난 상담자로서 독자 여러분에게 소개하고 싶었다.

　따라서 장자의 사상이 상담학적 의미를 지니고 있음과 동시에 "일상 생활 곳곳에서 모두가 상담자의 역할을 하고 있는 우리의 모습"(박성희, 2007a)을 떠올리며 장자의 상담자적 모습을 찾음으로써, '장자와 상담'이라는 주제의 이론적 토대를 마련하고 상담학적 의미를 구축하고자 하였다.

이를 위해 장자의 철학과 책 『장자(莊子)』 속 이야기에서 상담학적 요소를 추출하여 그 속에 담겨 있는 상담학적 의미를 재해석하였고 현대를 살아가는 상담자 및 청담자, 즉 우리 모두에게 도움이 되는 내용들로 재구성하여 '장자와 상담'의 관계를 보다 쉽게 설명하고자 하였다.

상담자 장자의 모습, 장자 상담의 특징, 장자 상담의 적용에 이르기까지 『장자와 상담』이라는 이 책을 통해 확인한 상담학적 관련 요소들을 실제 적용하는 방안에 대한 구체적 연구가 계속해서 이어지기를 기대한다.

예를 들어, '장자 상담의 특징이 구체적인 생활 장면에서 어떻게 적용 가능한지' '상담자 장자의 모습을 적용한 상담 프로그램의 개발'과 관련한 연구들은 『장자와 상담』이 가지는 상담학적 의미를 더욱 풍성하게 할 것이다. 바쁘고 지친 하루하루를 살아가는 우리에게 소요유의 삶을 살기를 조언하는 장자의 가르침과 함께 도우며 살아가기를 강조하는 제물론의 바탕이 서

로가 상담자이자 청담자인 우리 모두의 삶 속에서 빛
을 발하기를 기대한다.

참고문헌

권정현(2014). 신사임당과 상담. 청주교육대학교 교육대학원 석사학위논문.

김학주 옮김(2013). 장자(장자 지음). 경기: 연암서가.

박성희(2007a). 동화로 열어가는 상담 이야기. 서울: 이너북스.

박성희(2007b). 상담의 새로운 패러다임. 서울: 학지사.

박성희(2009). 공감. 서울: 이너북스.

박성희(2011). 진정성. 서울: 이너북스.

박성희(2012). 수용. 서울: 이너북스.

박성희(2014). 상담과 만남의 네 차원. 초등상담연구, 13(2), 185-201.

박옥영(2011). 장자 사상의 도덕과 교육에의 함의. 이화여자대학교 교육대학원 석사학위논문.

박주영(2014). 『장자』로 본 상담자와 내담자의 관계연구. 목포대학교 교육대학원 석사학위논문.

심규호 옮김(2011). **그림으로 쉽게 풀어쓴 지혜의 샘 장자**(완샤 풀어씀). 서울: 일빛.

심의용 옮김(2013). **장자교양강의**(푸페이룽 지음). 경기: 돌 베개.

심재권(2000). 장자의 무위자연사상. 한림대학교 대학원 석사학위논문.

안희진 옮김(2013). **도설천하 장자**. 서울: 시그마북스.

유성애(2003). 노자의 『도덕경』과 로저스의 인간 중심 상담 이론의 비교. 연세대학교 대학원 박사학위논문.

윤재근(2013). **인물로 읽는 장자**. 서울: 나들목.

이강수, 이권 옮김(2013). **장자 I**(장자 지음). 서울: 도서출 판 길.

이기동 역해(2008). **장자 내편**(장자 지음). 서울: 동인서원.

이옥순(2005). 장자의 인간교육론. 영남대학교 교육대학원 석사학위논문.

이인호(2007). **장자 30구−분방한 자연주의자의 우언**. 서울: 아이 필드.

정용선(2011). **장자의 해체적 사유**. 서울: 사회평론.

정용선(2012). **장자, 마음을 열어주는 위대한 우화**. 경기: 간장.

조미은(2004). 장자의 도에 관한 연구. 부산교육대학교 교 육대학원 석사학위논문.

차경남(2012). **장자, 영혼의 치유자**. 서울: 미다스북스.

최진석 옮김(1998). **장자철학**. 서울: 소나무.

저자 소개

최준섭(Choi Joon Sup)

세종대학교 호텔관광경영학과 우등 졸업
청주교육대학교 초등교육과 전체 수석 졸업
청주교육대학교 교육대학원 교육학 석사(초등상담교육 전공)
2015 한국교육개발원 학교폭력예방연구지원특임센터 주관 '어울림'
　프로그램 연구개발진
2015, 2016 '어울림' 프로그램 운영학교 담당자 역량강화 연수강사
현 경기 새금초등학교 교사

〈저서 및 논문〉
『어울림 학교폭력예방 프로그램 중학교 학생용 공감 심화편』(공저,
　한국교육개발원, 2015)
「장자와 상담」(2015)

동양상담학 시리즈 15

장자와 상담
Chuang-tzu and Counseling

2016년 4월 5일 1판 1쇄 인쇄
2016년 4월 15일 1판 1쇄 발행

지은이 • 최준섭
펴낸이 • 김진환
펴낸곳 • (주) **학지사**

      04031 서울특별시 마포구 양화로 15길 20 마인드월드빌딩
대표전화 • 02)330-5114   팩스 • 02)324-2345
등록번호 • 제313-2006-000265호

홈페이지 • http://www.hakjisa.co.kr
페이스북 • https://www.facebook.com/hakjisa

ISBN | 978-89-997-0921-0 94180

      978-89-5891-400-6 (set)

정가 10,000원

이 도서의 국립중앙도서관 출판시도서목록(CIP)은 서지정보유통지
원시스템 홈페이지(http://seoji.nl.go.kr)와 국가자료공동목록시스템
(http://www.nl.go.kr/kolisnet)에서 이용하실 수 있습니다.
(CIP제어번호: CIP2016005734)

교육문화출판미디어그룹 학지사

학술논문서비스 **뉴논문** www.newnonmun.com
심리검사연구소 **인싸이트** www.inpsyt.co.kr
원격교육연수원 **카운피아** www.counpia.com